Practical Intuition™ in Love

Start a Journey Through Pleasure to the Love of Your Life

愛の直観力

ベスト・パートナーに出会う心のレッスン

ローラ・デイ Laura Day　　甲賀美智子［訳］

日本教文社

本書の本文用紙は、
地球に優しい「無塩素漂白パルプ」を使用しています。

本書は、こんなあなたのために

本書は異性とのロマンティックな出会いを求めていたり、すでに始まっている愛情関係をよりよいものにしたいと考えている人たちのために書かれています。また、ことさら恋愛感情のない友情で結ばれた関係を深めることにも、本書はきっと役立ちます。

具体的なことは、読者のみなさん一人一人がおかれた状況によって異なりますから、その時々でとり上げていきましょう。本書の各章で、まずは恋人を求めている人の立場から、そしてすでにパートナーのいる人の立場から、ひとつひとつのテーマに取り組んでいきます。

あなたがいま誰かとデートをしていても、結婚を約束し合っていても、あるいはすでに結婚していても、本書のエクササイズを行なっていけば、自分自身にたいする理解、そしてあなたの人間関係にたいする理解を深めることができます。また、自分と相手についてさらに深く知るだけでなく、おたがいを成長させ、二人の関係を続けながら前向きに変えていくこともできるのです。よい愛情関係は、自分だけでなく相手にも恵みをもたらすものだということを忘れないでください。

私の前作『人生は直観力で決まる!』(邦訳、ダイヤモンド社)では、あなたの直観力を磨くことそのものに重点をおきましたが、本書はおもに「愛の直観力」の育て方について書きました。つまり、あなたが自分の生活の中で恋人を見つけ、二人の関係を育てていくには、どのように自分の直観力を生かせばいいか——それをこれからお話ししましょう。

人生にとって愛がどんなに大切なものか、それについてあなたはきっと真剣に考えておられるでしょう。しかし、直観力の大切さについてはどうでしょう？　それについてあなたはよく理解しておられないのではないでしょうか？　確かに、直観力というのはとても扱いにくいものです。しかし、直観力はまちがいなくこの世に存在する現実的な能力なのであり、練習を積めば必ず伸びていきます。同時に、直観力はあくまで愛への一つのツールであり、当然、感情や論理といった力も使って愛の実現にアプローチすべきだということも忘れないでください。

もし、直観力を疑っているのであれば、心を開いてください。私たちはふだん自分のもつ認識能力のわずか一〇分の一しか使っていない、ということが科学的に明らかになっています。直観力によって、あなたはこの未開発の力に触れることができます。これを私は「直観的印象を受けとること」と呼んでいますが、ある人はそれを「ヴァイブレーションを受けとる」と言ったりもします。

あなたは本書のエクササイズによって、自分自身や、パートナーを含むまわりの人にたいする気づきを深め、愛への旅を歩んでいけるようになるでしょう。

読者のみなさんへ

誰かと愛し合う関係になること、それは私たちの最も強い願いです。私たちは毎日のくらしの中で、恋をしたり、恋人を探し求めたり、自分には恋なんか必要ないと否定したり、また、愛を失ったり、愛がないことで絶望したり、その絶望と闘ったりします。つまり**どのような状況にあっても、あなたの人生は愛を中心にして回っているのです。**

それでいいのです。人が健やかであるために愛は欠かせません。愛を知らない赤ちゃんは丈夫に育つことができず、極端な場合、死んでしまうことさえあるのです。また保険統計表によれば、愛する相手がいる人のほうが長生きすることがわかっています。しかし私たちはなぜか、空腹、疲労あるいは暑さ寒さについては正直に口にするのに、自分が愛を求めていることは上手に隠してしまいます。それを人に知られると、自分のすべてをさらけ出してしまうような感じがして恐ろしいからです。

あなたは本書を読んでいくことで、あなた自身に必要な、ふさわしい愛を見つけるための旅に出ることになりますが、どんな旅も準備が必要です。本書のエクササイズの一つ一つは、ちょうど恋人がそうしてくれるように、あなたに自信を与え、勇気をふるい立たせます。二、三週間あるいはそれ以上の旅になるかもしれませんが、決して最後まであきらめないことを心に誓って出発しましょう。本書のエクササイズをこなす時間には個人差があるでしょうが、あなたが失った大切な力をきっと取り戻すことができるでしょう。

恋愛についての本をあなたは他にも読んだことがあるでしょうが、他の本とちがい、あなたは今度こそ愛への道で迷子になったりはしません。なぜなら本書は何よりも愛への道を書いた「地図」だからです。直観力をガイドとして、あなたは喜びを経験し、恋をし、愛され、必要なものを分かち合えるパートナーと出会うことができます。

愛とは何一つ足りないもののない、一〇〇パーセントの経験でなければなりません。それを得ることをあきらめてはいけません。最高のパートナーが、あなたを必ず待っていますから。

愛の直観力 目次 *Contents*

第7章　新たな愛を見いだす環境づくり・1――内面的パターンを変えよう……159

愛の直観力

ベスト・パートナーに出会う心のレッスン

イントロダクション…………

旅の始まり

いよいよ、愛のある人生への旅が始まります。

本書『愛の直観力』を読んでいくことで、恋人がいない人でも、これから恋におちる体験をすることができます。世の中には人を自然に愛し、また自然に愛される人がいます。本書では、どうしたらそのようになれるかをお話ししましょう。

恋人がほしいなら、どうすれば出会えるのか、またすでに恋人がいるなら、二人の関係をもっと深めるにはどうしたらいいのか、そのためにあなたの直観力を活かす方法をお教えします。また、求めているものを手に入れるだけでなく、まず自分が本当に求めているのは何かを知る、現実的な方法がわかるはずです。

あなたは愛することの喜びを人生に取り戻し、あらゆる人間関係を楽しむことができるようになります。本書では、人生の喜びにたいする理解や経験を深めつつ、愛を自分のもとに招きよせる方法、あるいは今のあなたの恋愛のパターンを変える確実な方法について説明していきます。

愛を見つけ、二人の関係を深めるプログラム――今日から始めよう！

「毎日の生活の中で、愛を見つけるためにはどうすればいいのか？」「恋人ができたら、どうやってその関係を続け、育てればいいのか？」その答えは本書に用意されています。

愛を見つける旅は、この後のエクササイズ1（二二ページ）から始まります（その意味については第1章でとり上げます）。この旅を続けやすいように、本書では六つのやさしいステップを用意しました。

ステップ1・恋におちる。（愛を招き入れる喜びの状態をつくり出す）（一五ページより）
ステップ2・愛の目標をはっきり描く。（七一ページより）
ステップ3・過去を手放し、愛を導き入れる心のスペースをつくる。（一一五ページより）
ステップ4・愛の楽園を見つける。（二〇九ページより）
ステップ5・愛の楽園を育てる。（二三五ページより）
ステップ6・愛の楽園を分かち合う。（二七五ページより）

これらのステップは少しずつ重なり合っています。そして、あなたはステップ2で自分の愛のゴールを設定することになりますが、続けていくうちに、その目標が微妙に、時にはびっくりするような方向に変化していくのにきっと気づくことでしょう。

本や雑誌に書かれる恋愛とは……

あなたは今までに、愛の見つけかたに関する数え切れないほどの本や雑誌記事を読んだことがあるでしょう。それらのタイトルは、「完璧な男性をつかまえる方法」「成功するデートの究極のルール」「理想のパートナーと結婚する二〇の成功法則」など、昔から変わらない一つのテーマを言いかえたものばかりです。

愛について書かれた本や記事は、パートナーのつかまえ方、口説き方、主導権のとり方の話がほとんどです。ある意味では、そういった記事が広く読まれる理由は、この社会において愛を探すのはハンティングと同じだと考えられているからでしょう。

そうした本や記事が教えてくれるのは、恋愛ゲームを楽しむテクニックやルールです。もちろん、その「ルール」はその本を書いた著者によって違ってきますが。ある「愛のアドバイザー」は、女性は愛を獲得するためにあらゆる努力をすべきだと説いています。相手が近づきやすい人になり、パートナーの求めているものをすぐに察知できるようでなくてはならないと教える人もいます。

また別の専門家は、もっと上手にコミュニケーションをとる、巧みなかけひきをする、あるいは自分にその気があることを相手に伝えるためのボディ・ランゲージの方法を教えてくれます。

これらの最終目標はけっきょく同じです。つまり、好みの男性に出会う→彼をつかまえるためなら、なんでもする→そして確実に自分が優位に立てる状況にもっていく、ということでしょう。

こういった方法も人によって、またタイミングによって有効かもしれませんが、でもそれは本当にあなたが人生において望んでいることなのでしょうか？　こんなふうにしてロマンスを見つけようとすることは、愛というよりは闘いのようではありませんか？

先に述べたような恋愛の本は、いつも男女の間の違いに重点をおいて書かれていますが、これはおたがいの不信を増大させるだけで、永遠の愛を見つけるためにはかえって障害となります。もちろん男性と女性の間に違いはあります。しかし、この違いを意識しすぎ、こだわりすぎることは、人生に本当の愛を招き入れることに役立つとは言えません。むしろ実際は、逆効果になりかねません。

本書のプログラムはどのように違うのか？

魔法のような万能の恋愛法則など、私は信じません。人はみんな違うのです。だから恋愛においても、あなたがた一人一人にとって必要なものは違うのです。

愛を惹《ひ》きつけ、維持し、幸せになるには、自分と恋人をそれぞれ個性をもった人間であると考えなくてはなりません。つまり、求めているもの、欲求、魅力、不安、自己表現やコミュニケーションの方法、それに人生にたいする見方だって違う、別の人間であるということです。

愛とは、誰かを「つかまえる」「ゲットする」ことではありません。それは、「人に喜びを与える」ことなのです。

これはむしろ「友情」に近いもので、ロマンティックな愛を持続させる本当の方法となります。愛とは、二人がおたがいの人生に共感をもって生きていける、そんな心の状態なのです。人は愛によって、何もない場所にさまざまな可能性を見つけたり、つくり出すことができます。私たちのからだは健康と喜びにあふれ、また自分自身にたいしてもっとやさしくなれます。

また、本当の愛を体験すると、物事をポジティブに受けとめる力が深いところからわいてきます。一緒に、そんな愛の状態にはいっていけるように旅を始めましょう。これからの章では、直観力をガイドとして、愛をあなたの人生にナチュラルな形で招き入れるために、あなたのさまざまな能力をどう使えばいいかをお話しします。

なぜ「直観力」と「愛」なのか?

あなたの直観力とは、今こうして本書を読んでいる間もたえまなく活動している、生まれながらの力です。直観力を通して入ってくる情報は、即座にあなたの感覚にのぼってくるものではありません。しかしそれは、あなたが本当に必要としている愛や喜びを得るための助けとなる力なのです。

直観力は、人間関係を深める一方、使いようによっては障害ともなりうるものです。ですから意識して、その力をコントロールすることが大切です。(このことについては五二ページその他で説明しましょう。)

直観力を使って人からメッセージを受けとる方法や、相手にメッセージを送る方法、そしてどのようなメッセージを送ったらいいかもわかるようになります。

愛とは頭で理解するのでなく、「体験」するもの

人生における深い体験というのは、その最中には意味がわからず、後になって「ああ、こういうことだったのか」とわかるものです。ある賢者の言葉に、「人生とは前進することだが、ふり返ってはじめて理解できるものだ」というのがあります。愛においても、まさに同じことが言えます。

本書をフルに活用していただくためには、これからのいろいろなエクササイズをしっかり行なっていただく必要があります。でも、決して難しいことはありませんし、その効果はすぐに現われてくるでしょう。

エクササイズは、次の点を心がけて行ないましょう。

＊エクササイズどうしには重なり合うところもありますが、これは意図して書かれています。一つの問題にもさまざまな角度からアプローチしていくことで、いろいろなものの見方と豊かな洞察を得ることができるでしょう。

＊エクササイズの中には、あなたの考えや感情をオープンに表現するためのものもありますが、それ以外は直観力を用いるものです。直観力を通して、あなたは今まで気づきさえしなかった問題への答えを見つけられるでしょう。

＊あなたにとってばかばかしいと思うエクササイズもあるかもしれませんし、終えてみるまではわけが分からないものもあるかもしれません。これは、あなたの必要としているものや本当の感情

はいつでもはっきりしているとは限らず、どちらかといえば漠然としていることのほうが多いからです。自分の感情の深さを知るには、間接的な方法のほうが有効であったりします。

＊すぐにエクササイズの効果が表われないとしても、落ち込むことはありません。心をオープンにして練習を続けるうちに、きっとひらめきが訪れ、役に立つ発見があるはずです。

＊すぐに直観的印象(ひらめき)が得られない場合は、時々、前のエクササイズをやり直してみることをおすすめします。今は意味のわからないエクササイズでも、プログラムを進めていくうちに意味が理解できるようになり、自分自身について、また自分が真に必要としているものがはっきりしてくるでしょう。

＊あなたにすでに恋人がいるのであれば、一緒にやってみたいと思うエクササイズもあるでしょう。それはあなたと恋人と、二人で自由に行なってもかまいません。

大切なことは、心をオープンにする、ということです。本書のプログラムを実践していくと、やがてあなたの生活は変わりはじめます。これは、あなたの愛にたいする概念を変える本なのです。食べず嫌いではもったいないので、ぜひ試してください！　プログラムを終えるころには、この効果を実感してもらえることと思います。

あなたの「愛の旅」を日記につけましょう

もしあなたに日記をつける習慣がなければ、さっそく始めましょう。昔から芸術家や科学者といった人々は、自己発見には日記をつけることが欠かせない方法だと気づいていました。日記をつけることでつねに自分の心に触れ、表現することができるからです。

本書のプログラムをつうじて、あなたはきっと人間的にも成長していくでしょう。最初のほうのエクササイズをあとでふり返ってみれば、自分がどれだけ成長したかわかるでしょう。落ち着いた気分の中で、明日起こるかもしれない愛の問題にどのように対処したらいいのか、今日感じることを日記に書きとめておくといいでしょう。それは、「彼が休暇のことを話に出す時は、本当につらい時なんだ」とか、「彼女がぼくの批評にいちばん素直に耳を貸してくれるのは、好きなものを食べている時だ」のように単純なことかもしれません。

日記を選ぶさいのポイントは、次のような点です。

＊背を綴《と》じたタイプのノートより、バインダータイプのノートがおすすめです。ページを追加したり、前を見直すために並べかえたりできますから。凝ったものにする必要はありません。シンプルであればその分、自分らしい日記にすることができます。

＊プログラムを進めながら、自分にとって重要な意味をもつ〝愛のイメージ〟を集めて表紙に貼ったりするのもいいでしょう。これは八一ページの「夢のノート」や、一四〇ページの「愛の儀式」についての話でも触れます。表紙の裏は空白のままにしておきましょう。目標に達したときの体験を最後に書くために……。

日記をつけることには、ヒーリング的・自己啓発的な効果があります。毎日の習慣にすれば、人生の中で愛を見つけ、深めるという目標に真剣に向かっていることを、とくに困難にぶつかったとき、あらためて思い起こすことができます。パートナーとの関係が危うくなったとき、(私も含めて)多くの人は前のページをめくってみて、その人と恋におちたころのことを何度も思い出しました。

あなたの愛の旅の「サポート・グループ」をつくる

ジョギングは、パートナーがいたほうが続けやすいスポーツです。走りながらおしゃべりできるパートナーがいれば、単調さや苦しさを乗り越えられます。あなたと走ることを楽しみにしているジョギング相手がいると思えば、朝早く起きることだって苦痛ではありません。

本書のプログラムを進めるうえで、そんなサポート・グループをつくると役立ちます。自分の経験や仲間の新しい発見を分かち合うことができるからです。(これについては、第10章でくわしくお話ししましょう。)

さあ、始めよう

これからの各章では、直観力を使って、誰かを愛したり愛を招き入れるパワーを育てます。ただし

「愛」だけを夢中で追い求めていると、私たちは友情や、人生における大切なものや楽しいことを軽んじたりあきらめたりしがちですが、それでは人生は成功とはいえません。これは愛の旅での知られざる原則でもあります。

私はまず、愛を探すための最初のエクササイズとして、あなたにちょっと「愛」のことから離れて、あなた自身の生活を思い切り楽しんでいただくことから始めたいと思います。

第1の実験

最初にこのエクササイズを行なってから、次へ進みましょう。

●エクササイズ*1*・自分を楽しませてあげる時間をつくる●

ゆっくり時間をとって、あなたが楽しく過ごせるひとときを過ごしましょう。そう、自分が楽しいと感じることに、身も心もひたり切ってみるのです。

この時間をどのように過ごすかは、あなたの自由です。好きな音楽を聴いたり、マッサージしたり、読書にふけるなど、あなたの好きなことなら何でもかまいません。

ただし、三つだけ条件があります。まず、意識して行なうことです。時間を決めて、楽しむことに集中してください。少なくとも一時間、それも午後からがいいでしょう。丸一日時間がとれれば、もっと理想的です。

二つ目は、このエクササイズ中には楽しいこと以外してはいけません。徹底的に自分の好きなことだけを行なってください。

三つ目は、楽しんでいる最中の自分の思い、感情、その他の感覚に集中し続けてください。感じたことを書きとめておきたくなった場合は、エクササイズを最後まで終えてからにしましょう。

先へ進む前に、ぜひこのエクササイズをやってみてください。

(その意味については、あとの第1章でくわしくお話しします。)

Practical Intuition™ in LOVE

ステップ *1*

恋におちる *Falling in Love*

第1章 楽しみから、愛の状態をつくり出す

最初のエクササイズを復習しましょう

あなたはもう、一二ページのエクササイズ1を試してみられたことでしょう。

最初は、こんなにやさしいワークなんてあるかしらと思いませんでしたか？　しかし、このエクササイズが思った以上にむずかしかったと感想を述べる人がたくさんいます。何の後ろめたさもなしに、思い切り楽しいことに没頭する方法を自分は知らなかったんだ、と気づく人は多いのです。実際、心のどこかで抵抗する自分がいると言う人もいました。

あなたはどうでしたか？　正直に答えてください。自分が本当に楽しいという意識がもてましたか？　人の目が気になりませんでしたか？　何か自己中心的な感じがしましたか？　居心地悪かったり、後ろめたく感じましたか？　分不相応なことだと思いましたか？　それとも、気が重くて楽しめませんでしたか？

愛と喜びは、同じ心の状態なのです。誰かを愛したり、恋をすることは強烈な喜びです。たとえ恋人との関係が苦しみの大きな原因になるとしても、心とからだを通して生命力あふれる愛を経験することは、やはり喜びの経験なのです。

「愛の直観力」のプログラムは、「完璧な」パートナーあるいは恋人が見つかるまで待つためのものではありません。それは今、この場で、喜び楽しむ方法を学ぶことから始まるのです。何よりもまず、「徹底的に楽しむ実験」をやってみるようお願いしたのは、そのためです。

恋におちる前に、まず喜びを腹から感じられる状態になろう

性に目覚め、デートをする年頃になる前から、愛の化学作用、愛による心とからだの変化は起きています。子供のころのあなたの愛情の対象は、両親、友だち、おもちゃ、ペット、空想、好きな食べ物や場所といったものだったでしょう。子供のあなたは、心地よさや喜びを感じられる対象をみな愛していたのです。

十代はじめの、性に目覚める前の自分のことを覚えていますか？　すべてがあなたのよき親友だったはずです。そのころのあこがれの対象は、先生、コーチ、映画や本の中のヒーロー、あるいはあなたの将来や夢そのものだったかもしれませんし、もっと幼いころなら、母親、父親あるいはペットの犬だったかもしれません。

愛を感じると、人は喜びを感じるようになります。愛の本質は与え合う喜びなので、喜びを心の底

から感じられるようになることが、理想の相手を招き入れるための前提条件となります。

喜びとは、決して性的満足だけではありません。もちろん、セックスは愛には欠かせないものですが、毎日の生活の中で喜びを感じられるようになって、はじめて愛に出会えるのです。

愛とは、生化学的にいえば「高められた喜び」です。愛の関係に入るのには人それぞれのプロセスがあるでしょうが、どんな男女関係であっても、それは生きる喜びを増すような関係であるべきです。

それなのに世の中には、たがいに傷つけ合って人生をつまらなくしている、みじめなカップルが少なくありません。――人はなぜ食事をするのでしょうか？　たんに栄養をとるためでしょうか？　それとも楽しむためでしょうか？　たとえば、ブロッコリーが好きでなくても、からだにいいからと無理にそのまま食べようとしますか？　それとも、スパイスやソースをかけて味つけをし、食べやすくしますか？　男女関係も同じであり、よりいっそうの喜びを相手に与え合うことが大切なのです。

愛と喜びとの深いつながりは、からだの反応からも科学的に説明できます。愛する人と久しぶりに会えた時など、心拍数や呼吸は必ず変化します。感動する映画を見たり、心の底から笑うと、これと同じような生理学上の反応が起こります。喜びは、愛を惹《ひ》きつける磁石なのです。

愛の化学反応

「一目惚れ」「目と目の間に火花が散った」などと言いますが、恋人どうしになるには「愛による化学変化」が起きなくてはなりません。これはたんなる例えではないのです。化学反応というのはあまりロマンティックな言い方ではないかもしれませんが、人間も動物であり、遺伝的、肉体的、生物学的な、生化学反応への欲求があることを忘れてはいけません。恋におちることは、そうした「愛の生化学反応」の働きなのです。

人のからだは、恋をすると決まった生理学的な反応を起こします。ホルモンが放出され、敏感になります。心拍数と呼吸数が上昇し、感覚はとぎすまされ、自分の発するにおいさえ変わったりします。喜びによって人のからだはセロトニン、オキシトシン、エンドルフィンなどといった神経伝達物質を分泌し、恋愛をしている時と同じ状態が生まれます。

愛を経験すると、このようにからだが変化するので、毎日の生活を喜びで満たし、自分のからだに同様の反応を再現できれば、愛の状態をつくり出せるわけです。

これは、自分をだますこととは違います。実際、愛を受け入れる準備ができてもいないのに、人生に愛を招き入れるのは難しいことです。まず、生きている喜びを十分に感じ、愛を受け入れる心を刺激すること。そうすれば、自然と人を惹きつける生理的状態になります。

深い喜びのある生活では愛を体験でき、同時にその状態にひたり続けていられるのです。

愛の磁石になる！

いま述べたように「喜びを心から感じる」生活をすることが、恋におちるための最初のステップです。マッサージしてもらうなど、自分をいい気持ちにさせてあげるのもいいでしょう。

喜びを求めることは、快楽主義とは違います。大切なのは、自分を深く愛すること。それによって、あなたは他の人を惹きつけるオープンな心の状態になれます。そうして、あなたは今よりも魅力的ですばらしい人になっていくのです。

喜びを感じる人が、どう愛を惹きつけるかについて考えてみましょう。人間不信で怒ってばかりの人が街を歩いていても、ふさわしい恋人に出会うチャンスはほとんどありません。喜びを感じられれば、自分にも喜びがやってくるのです。喜びは、からだの中の深いレベルで、〝自分には魅力がある〟ことを、自分自身やまわりに発信できる状態をつくります。

そこに喜びがあるからこそ、人は愛を求めてやまないのです。進化論からみれば、喜びを感じることとは、自分が「正しい道を歩んでいる」というしるしです。喜びを与え合う準備ができているというシグナルがあなたのからだから送られれば、まわりもそのシグナルに答えてくれます。

喜びの相互作用

自分の今の状態がどうであれ、その楽しい一面に心を向けましょう。私は食器洗いが苦手ですから(「苦手」、この世で最もひかえめな表現の一つですね……)、食器を洗わなくてはならない時は、いやな仕事だと思わずに、洗剤のいい香りやお湯の感触を楽しむようにしています。

まわりの環境の良い面や楽しみといったものをあらためて意識してみれば、すぐに毎日が楽しくなり驚くでしょうし、さらに喜びを深めるためにちょっとした工夫をしたくなってくるでしょう。

最初は、積極的に喜びを見つけることや、それが必ず見つかると信じることは難しいかもしれません。私の人生にも本当につらい時期がありましたが、積極的に楽しみを見つけるというテクニックがいかにパワフルなものであるかを身をもって知り、救われました。以前の私は、楽しむ時間などなく、睡眠不足で、少しでも時間があればとにかく寝てばかりいました。やがて機械的に流れていく毎日にあきあきし、どんなに退屈だったりひどい状態にあっても〝喜び探し〟を始めました。困難に直面してもじっとたえ忍び、その中で思いがけず喜びを見つけたこともあります。

私は息子と遊んだり、眠ったり、何かを楽しんでいる間は純粋にそのことだけに集中し、中断させないようにしてきました。また、喜びを大きくするためにささやかな方法も見つけたのです。たとえば、就寝時の枕はいい香りのするものにしたり、肌ざわりのやわらかなパジャマを着たり、また息子とは、本を読む、料理をする、戸外の自然で見つけたものを使って何かを作る、おもちゃのブロックで小さな街を作るなど、いつも一緒に楽しむよう心がけました。

「思い切り楽しんでいいんだ」と自分に教える

意識して楽しもうとしなければ、人生はありふれた日々のくりかえしになります。本当は、どんな体験にも喜びはあるのですが、探さなくては見つからない場合もあります。たとえば、インフルエンザの予防注射が痛くても、その注射のおかげで、かぜをひかずに冬を過ごせます。また、他人にとっての喜びになる場合や、あるいは困難な仕事をやりとげる喜びだってあります。

喜びにはいろんな形があり、いつでも経験できます。あなたの意識、無意識、そして直観力にこう尋ねてみましょう――「今、この瞬間をどうしたら楽しめるだろう？」

この答えはそれほど簡単ではないかもしれません。先のエクササイズ1をやってみた後ならおわかりになるように、人生に本当の喜びを見いだそうとすると、あなたの深いところにある問題がしばしば表面化してきます。とくに、恋人のいない空しさやつらさを感じていると、楽しみをつくり出すことは難しくなります。愛を求めている人は、自分をひどく苦しめたり、責めたり、生きる価値のないダメな人間だと思ってしまいます。皮肉にも愛を必死に求める心が、他人を惹きつけ愛を見つけることをじゃまする思いや感情(そしてからだの状態)をつぎつぎに生み出します。

ですから、憂うつや不安といった障害と立ち向かわねばならない場合もあります。何にたいしても楽しみを見つけられないのであれば、助けを求めなくてはなりません。マッサージやアロマテラピー、バイオフィードバック、友人との楽しいコーヒーブレーク、そして思い切り泣くなどのワークによって、きっと喜びを感じられる自分を取り戻せるでしょう。

楽しい習慣をつくる

日々の中でまったく楽しいことなどなさそうに思えても、喜びは見つけられます。たとえ、生活がみじめなものであっても、あなたは自分が魅了され、心惹かれるものを大切にしてきたはずです。それが、愛を得る旅の出発点です。たとえば近くの恋人たちを見て、自分もああなりたいと思うかもしれません。刺激を受けるものがあるはずです。本章では、それが何かを見つけていきます。

この社会ではつねに、愛と自己否定が結びつきがちです。しかし私たちの心の問題は、決して自分を責めるような完全主義では解決しません。肥満の人の楽しみが食事だとしたら、私なら太る食べ物をすべてあきらめるようにと言ったりしません。そうでなく、いちばん好きな食べ物を三〇分ごと、あるいは必要なだけ、少しずつ味わうことをすすめます。少ないカロリーで、多くの楽しみを得られるのですから。

つらくても、学ぶことはたくさんあります。信じがたいでしょうが、私は最もつらく淋しかった数年間に、喜びについていちばん多くを学びました――

＊危機の中にあって、自分の力に自信をもちました。私の中にあった強さをこれまで使う必要がなかったので、気づかずにいたのです。
＊生活の中で不要なものを捨て、自分のやっていることを見直すようになりました。そして本当に大切なことにだけ、時間とエネルギーを費やせるようにしたのです。
＊うたた寝することの楽しみを知りました。同時に、働きながらリラックスする方法を学びました。ベッドに横になって電話のインタビューを行なう、ケーキを食べながら書きものをする、息子が公園で友だちと一緒に遊ぶ姿を見ながら携帯電話を使って仕事をするなどです。
＊悲しい出来事を生かせるようになりました。思い切り泣き、他人の励ましや慰めを素直に受け入れ、自分を大切にする時間を惜しまないようになりました。

＊不公平を感じたら、自分が人にくらべてラッキーだった点を思い出せばいいのだとわかりました。
＊食べ物をじっくり味わい、好きな石鹸を買ったりするようになりました（個人的にはココナッツオイルが大好きです）。

そしてそのつらい時期に、私はこれまでになく深く愛と喜びを分かち合える男性に出会ったのです。痛みは喜びを得るための必要条件ではありませんが、痛みがなければ、何が自分の痛みを癒し、喜びを与えてくれるかを意識して探さなくてはなりません。つらい時期には、自分を支えてくれ健康にしてくれる喜びが必要になります。ですから、進んで楽しみを見つけるようにしましょう。無意識に見つかる場合もありますが、意識していないと、見逃してしまったり、表面的な経験に終わってしまうだけになります。

大切なのは、つらい時期がきてからやっと楽しみを探すといったくりかえしから脱することです。さもないと、楽しみはいつも痛みを和らげるだけのものとなってしまいます。

忘れていた喜びを、もう一度見つけよう

現代の生活はあわただしく過ぎるので、私たちは本当の喜びを感じられずにいます。本当の喜びとは目新しいことを始めたり、仕事を上手にこなすといった一時的な満足感ではなく、からだの中から、自分はいま生きているんだと感じられるような体験です。

本当の喜びはごまかせません。気どってハイヒールをはいたとしても、はきやすさが大切ならば、見た目がすてきでも喜びとはなりません。劇場で映画や演劇を見ても、感激がある人には喜びとなりますが、そうでない人には退屈以外の何物でもありません。

次のエクササイズでは、本当の喜びを感じること、つまり恋を招き入れるための最も大切な点についてもう一度とり上げます。

●エクササイズ2・自分の五感が、どう喜びを感じているかを知る●

座ったり、横になれる気持ちのよい場所を見つけましょう。これからの喜びを感じるエクササイズの邪魔になりそうな障害物をどけましょう。電話のコードを外し、パジャマなどの楽な服装で横になり、キャンドルをともしたりするなど、心地よくなれるようにします。記録のため、ノートやテープレコーダーを用意しておくといいでしょう。

まず、深呼吸をしましょう。息をゆっくりはき出しながら、まわりのにおいを感じましょう。どんなにおいがしますか?　息を吸いながら、どれがあなたにとっていいにおいか、不快なにおいか、感じてください。

呼吸を続けながら、自分にとって最高の香りとはどんなものかを直観的に想像し、少し時間をとって記録しておきましょう。

さて、次に口の中に意識を向けましょう。舌、歯の裏、口蓋《こうがい》などがありますね。意識を集中しながら、あなたにとって、最高のおいしい味覚とはどんなものかを、直観力で感じとってみましょう。

呼吸を続けながら、部屋の中を見まわしていきましょう。何が見えますか？　見ていて楽しいものは何ですか？　逆に見るといらいらするものは何ですか？　部屋の中にあるいろいろな色や形で、好きなものは何ですか？

あなたが心地よさを感じるものに、さらに注意を向けていきましょう。今度は音です。今、まわりの音が感じられますか？　全身が耳になったつもりで、まわりに注意を向けてください。何が聞こえていますか？　心地よい音、耳ざわりな音はどれですか？　そしてあなたの直観力を使って、あなたの耳に最も心地よい音とはどんなものかを想像してみましょう。

次は、あなたのからだ全体です。いまどのような姿勢で、自分のからだをどのように感じていますか？　姿勢を変えてみましょう。その時のあなたの肌、つめ、髪の毛にはどんな感触や感覚がありますか？　まつげや、まばたきの感覚にも意識を向けましょう。

あなたのからだにとって、いちばん心地よい姿勢はどんなものでしょうか？　そしてどんな感触や感覚がいちばん心地よいのか、それを書きとめておきましょう。

最後に、あなたの人生でいちばん楽しかったころのことを細部にわたって思い出してみましょう。それから、次の質問について考えてみてください。

＊そこはどこでしたか？
＊季節はいつごろ？　それは外でしたか？　それとも屋内でしたか？
＊何をしていましたか？
＊誰かと一緒でしたか？　誰と一緒でしたか？
＊その時、自分について、まわりの世界について、どう感じていましたか？

右の問いへの答えから、あなたの心がもっと喜びを得るために必要なものがわかってくるでしょう。

あなたにとっていちばん楽しかった経験を、最低二つか三つ思い出し、書きとめてください。あなたの直観力と、五つの感覚すべてのイメージを使って、深い喜びを感じた思い出を見つけていきましょう。

このエクササイズには時間をかけてください。直観力で感じたことを書きとめましょう。

【ある人のケース】

私は、自分にとって愛と喜びをもたらすものをリストにしてみました――花の香り、はちみつの味、友だちとのおしゃべり、公園でお菓子を食べる時間、マッサージ、ダンス、手紙をもらうこと、友だちの役に立つこと、家族全員の再会、幼なじみと思い出を語り合う、などです。

……検討すべきポイント……

このエクササイズでは、あなたが喜びを感じるもの、記憶、出来事に光があたることでしょう。長い間忘れていたことを再発見するかもしれません。私自身がそうでしたから！

私はベッドのそばの窓から朝日の光がさし込むと、わくわくしながら目をさます子供でした。そのころを思い出してから、同じようにすれば多くの記憶があざやかによみがえるのだと気がつき、すぐに部屋の真ん中にあった自分のベッドを窓辺に動かしました。

何が喜びなのかわかれば、たくさんの喜びを毎日の暮しに加えられます。たとえば、リフレクソロジスト(足の裏療法士)の友人は、電車の中でできる二分間のハンド・マッサージを教えてくれました。自分の喜びのリストに、何度も目を通し、増やしていきましょう。いくらでも喜びはあるのですから。友だちとリストを交換し合えば、喜びを与え合うこともできます。

微笑み、声を出して笑うことを忘れないで

生理的に愛の状態をつくり出すもう一つの方法は、「声を出して笑うこと」です。なぜ、男性、女性をとわず、ユーモアのセンスがある人は高く評価されるのでしょうか？　なぜ、にっこり笑った笑顔がセクシーなのでしょうか？　笑っている人に惹かれるのはなぜでしょうか？

パーティーのような社交的な集まりに参加したら、必ず、あなたは笑って楽しんでいる人に惹かれるはずです。レストランなどでの気楽な集まりでも、注目されるのは楽しんでいる人です。昔から、「世界は笑う人とともに笑い、泣く人とともに泣く」(笑う門には福来たる)という言葉がありますが、まさにそのとおりなのです。

喜びには本質的に人を惹きつける力があるので、人は喜びに抵抗できません。生化学的な原理からみてもまったく同じです。声を出して笑うと、人のからだは、マッサージをしてもらったり、踊ったりなどの楽しい活動をしている時に出るのと同様の生化学物質をつくり出します。あなたの外見は変わり、においさえ変わります。いつもとは違う生化学物質をからだが作るからです。

微笑みと笑いは、いわば強烈な媚薬です。喜びを感じている人にあなたが惹きつけられるように、あなた自身が喜びを感じるなら、人はあなたに惹かれるのです。

ただ微笑むだけで、生化学上大きな変化が起こります。気持ちがよければ、自然と人は微笑みます。ただ微笑むだけで人は気分がよくなることを科学者は知っています。微笑みと喜びは、たがいに働きかけるのです。

声を出して笑うと、やはり喜びと関係のある生化学物質が体内に放出されます。最近、自分が笑った時のことを思い出してください。理由はなんでしたか？　笑いを探せば、笑いは見つかります。そうなれば、気づかないうちに人生の喜びを見つけやすくなります。

● エクササイズ3・あなたが笑えば、世界はともに笑う ●

これから数日間、あなたの近くで笑っている人、微笑んでいる人に注目しましょう。まわりの反応はどうですか？　あなたはどう感じますか？　その印象や様子を書きとめておくといいでしょう。

笑っている人を観察したなら、自分もそのように笑ってみましょう。通勤時やランチタイムに、面白い本を読んでみましょう。あなたの笑いに、まわりはどう反応しましたか？　どんな人から関心をもたれたように感じましたか？

【ある人のケース】

私はこのエクササイズを始めて、人の笑い声に注目しだしてから、自分の中の深い悲しみを強く感じるようになりました。笑っている人は、周囲の注目や興味を引き寄せていました。なぜ笑っているのか、多くの人がその理由を知りたがり、そして、笑っている人のまわりにいる人も微笑んでいることに気づきました。

それから、声を出して笑えるほど面白い本を探しに行ったのですが、なかなか見つからず、ようやく見つけたのが、ある人気コメディアンのテープでした。ウォークマンにセットして朝のウォーキング時に聞いていたのですが、こらえきれずにクスクス笑っていたので、私をへんな人だと思った人もたくさんいたでしょう。

しかし、人々の反応はそれまで私が経験したことのないものでした。好意的に笑って見ている人、私と一緒に笑う人、話しかけてくる人がいました。私はこれまで自分のみじめな状態を陰気な形で表わしていたことで、どれだけ自分を孤立させていたかに気づきました。今の私は、つらいことも笑って話すようにしています。そして人々の反応は、前よりずっと好意的です。

定期的なエクササイズが、あなたをより魅力的にする

本書では、あなたの外見をよく見せるエクササイズについてはとり上げません。科学者たちの間では、定期的に何か積極的な練習をすれば、前に説明したようなエンドルフィン(自然の鎮痛剤)のような生化学物質がつくられるだけでなく、免疫系も刺激を受けることが知られています。(理由は解明されていませんが、偶然にも、笑いも免疫系に刺激を与えます。)

本書のエクササイズも、定期的に行なっていきましょう。でも無理をしてはいけません。ここでのエクササイズは楽しみ、満足感を得るためのものなのですから。心地よくなれば、あなたの外見も美しくなり、しかも今よりもっと健康になれます。

次の章でも説明しますが、人の遺伝子には、健康な免疫系をもつ相手を見つけようとするプログラ

ムが組み込まれています。母なる自然は昔から、種《しゅ》の存続のためには、いちばん健康な種にその遺伝子をわたすことが重要だと知っていたのです。生物学的にみても、女性においては子供を産むため、種の健康度が男性よりも重要視されています。

男性が女性にくらべて相手の肉体的外見を値ぶみするのは、外見が肉体と遺伝子の健康の度合いを示しているからなのかもしれません。

友情が与える喜びを忘れてはいけません

友情や、他の人とのつながりも必要です。女性にくらべて、男性の寿命が短い理由は、ホルモンの問題より、他者との深いつながりを十分にもてないからです。反対に女性は、生きていくうえで人とのきずなが大切だとよく知っています。

男性・女性をとわず、私たちは人とのつながりだけでなく、自分自身やまわりの世界とのつながりをもっと意識する必要があります。末長く続く男女関係も、じつはそういったつながりを持続することが鍵となるのです。

これはとても重要なことです。本書のゴールはたんに完璧な結婚をすることではありません。

現代における男女関係の問題は、交際の相手(パートナー・恋人)との友情あるつき合いをしないことです。男性と女性、女性どうし、男性どうしが、昔の世代にくらべてより自由に結びつきやすくなり、コミュニケーションをし合うのが簡単な時代になっているのに、これはじつに皮肉なことです。

たとえば、バラの香りを思い出してみる……

喜びをつくり出す旅を続けていきながら、もっと自分の感覚について意識的になることが必要です。あなたの感覚的な気づきを深めていけば、あなたの喜びは大きく強くなっていきます。すでにお話ししたように、愛はまず生化学的なレベルから生まれます。女性にも男性にも、文字どおりふさわしい恋人を選び出すプログラムが遺伝子に組み込まれています。女性の感覚は排卵時に、さらに鋭くなります。どんなに高価なオーデコロンや香水も、人のからだが発する微妙なにおいに含まれる遺伝的適性のしるしを変えることはできません。

自分の鼻、目、舌そして触感に意識的になると、まわりの世界ともっと深く、積極的にふれあえるようになります。私たちはしばしば、自分のからだとのコミュニケーションさえ失っています。どの程度の、どんな感覚的なふれあいが、まわりの人々に受け入れられ、喜ばれるかがわかれば、あなたは他の人々ともっと深くふれあい、心の栄養を与え合いながら、さらに喜びをもって自分の人生とつき合っていけます。

たとえば、チェスが大好きな友人は、ゲームをしながら相手と知的なふれあいを心ゆくまで楽しみます。別の友人は、マッサージのあいだ一時間じっとしているのはがまんできないでしょうが、十分間の肩もみならよろこんで受けてくれるでしょう。ダンスや、読書にふけることに喜びを見いだす人もいるでしょう。

できるかぎり、生活のあらゆる場面で、あなたの感覚を養い育て、それを通して人々と交わるようにしましょう。生の音楽や友だちの声に耳を傾ける、また自然の中を散歩する、美しいものを愛《め》でるなど、まわりの環境と視覚的にふれあう、好きな香りで家を満たす、あるいは好きな香水やローションを見つける、好きな人の香りに意識を向ける、友だちと手をつなぐ、好きな食べ物を味わう、など。まわりの環境、人々、自分自身、そして自分ともっと深くふれあい、楽しみを増やしていきましょう。

意識を向けるだけで、簡単に自分の感覚を磨けます。あなたはどのような感覚や刺激が心地よいですか？　私の好きなものは淡いスミレ色だったり、なつかしい音楽のテープだったりします。夏にはいろいろな花を摘み、ドライフラワーにして、ベッドのそばに吊るします。そうすると一年中、花の香りが楽しめます。また私はどこへ行くにも、自分の枕カバーをもっていきます。ホテルに泊まる時も、自分のベッドにいるような気分になれるからです。

愛情関係を深めたいのなら、愛する人は何が好きかを知ることです。好みの違いを発見するかもしれません。私は甘い香りが好きですが、私のパートナーは息苦しさを感じるそうです。彼は柑橘《かんきつ》系の香りを愛用しているので、私はいつも清潔なバスルームを連想します。また私たちは、柔らかなシルクのような生地が好きという点では好みが同じです。

いちばん大切な感覚――触感

触感的なふれあいは、あなたと相手、またあなたとまわりの世界とを最も強く結びつけます。これは人が生まれるとまず最初に発達し、そして最後まで失われない感覚です。私たちはコミュニケーションをし合うだけでなく、生きていくうえで必要な大切なものを、触感的なふれあいから受けとっています。生命にとって、ふれあいは不可欠なので、ほとんど抱いてもらえない赤ん坊はじょうぶに育たず、ときには死んでしまうことさえあります。

不幸にも今の社会では、こういった生命を支え合うふれあいを大切にしなくなってきています。アメリカ人でさえもヨーロッパの人々とくらべて、自分の子供、恋人あるいは友だちとの身体的接触が少なくなっているそうですが、私の経験からもそう感じます。

イタリアで数年過ごした経験がありますが、出会いのとき、男性は抱き合いますし、女性は通りでも手をつなぎます。最初はびっくりしましたが、しばらくして自分も試してみました。最初は照れくさかったのですが、今では心地よくなりました。

ふれあうこと、イコール、友人なら誰かれかまわず抱き合うということではありません。人はそれぞれ、自分にとって心地よいと感じるレベルでつながっているからです。ですから、相手との身体的な境界を尊重することも大切です。

私がすすめるのは、たとえば話をしている間、友だちの腕にそっとふれるなど、ふれあいを大切にするということです。そうした相手の心にやさしくふれるような接触なら、押しつけにはならないはずです。ダンスのレッスンを受けている人が仲間とおたがいの足をマッサージするなど、人それぞれのやり方があります。

こうしたふれあいのチャンスはつねに身近にあるのですが、残念なことに、最近は初対面のあいさつとしての握手も少なくなりました。おそらく、社会的マナーが全体的に簡略化してきているからでしょう。しかし、ちょっとしたふれあいのチャンスが失われていくのは悲しいことです。

★ 毎日のモットー ★

今日も一つ、喜びを見つけましょう。簡単です。どこで何をしていてもそこに喜びを見いだし、感じられること、それが大切です。そんな習慣を身につけましょう。微笑み、声に出して笑いましょう。自分のいろいろな感覚、とくに触感にたいして敏感になりましょう。

魅力には四つのレベルがある

自分の喜びの経験を深めていくにつれ、あなたはある特定の人に魅力を感じるようになり、自分の恋人になりそうな人がどんな人なのかが、はっきり分かってくるようになります。

人は、自分が前から抱いている自己イメージを高めてくれる人に惹かれ、恋におちるものです。自分を心の広い人間だと思っていれば、心のひろい人に惹かれるでしょうし、(不幸にも)自分は愛されるに値しない人間だと思っていれば、そんなあなたの自己イメージを強化してしまうような人に惹かれてしまうのです。

プラスの方向で言うならば、私たちは、自分が望んでいるとおり(見たいとおり)に自分を見てくれるような相手に惹かれるのです。

人間の魅力には、肉体的、生理的、心理的、そして精神的《スピリチュアル》な、四つのレベルがあります。もちろん、どれか一つのレベルの魅力だけがあればいいというものではありません。たとえば、心理的作用が生理的作用をうながした結果、その人の精神性《スピリチュアリティ》がかげってしまうことがあります。人は一つの全体的なシステムであり、あらゆる部分が一体となって働いています。愛を見つける旅には、四つのレベルの働きがすべて大切なのです。

1・肉体的な魅力

最もわかりやすく、ロマンス小説で描かれる魅力というのは、純粋に肉体的なものです。私たちは異性の笑顔、手、脚に惹かれ、その人の黒髪、たくましいからだ、目の色などが、理由もなくただ好きになります。

こうした魅力はまったく個人の好みによりますが、かなりその人の生理学的あるいは心理学的な要因からくるものです。たとえば、緑色の目に魅力を感じる女性は、父親が緑色の目の持ち主だったのかもしれません。自分が相手のどんな肉体的な特徴に惹かれているかははっきり分かることなので、それよりも微妙な、あるいは無意識的な要因についてこれからお話ししたいと思います。

2・生理的な魅力

多くの科学的研究によれば、人は遺伝的にみて異なった相手のほうに惹かれることがわかってきました。ですから「正反対のものは惹かれ合う」という言葉は真実を言い当てているわけです。異なる遺伝子が出会うことのメリットは、進化の見地からみても道理にかなっています。似たような欠陥のある遺伝子の結合は、種族の存続にとって問題になるからです。

人はなにも意識して、こうした遺伝子の選別を行なっているわけではありません。遺伝子の構成が、本人の意識の中に刻印されているわけではないのですから。たとえば、相手となる人が遺伝子選別のテストをパスしたかどうかを教えてくれるのは、あなたの嗅覚(つまり鼻)だったりします。こうした能力は、人が成長して生殖できるからだになると高まります。これもまた進化の見地からは当然です。

生理学的に言えば男性と女性にとって、遊び半分ではない真剣なデートをするのに最適なタイミングは、女性の排卵期の時期ということになります。男性は女性が妊娠できる準備がととのった合図を受けとり、また女性は有望な遺伝上のパートナーを受け入れる用意をするということなのでしょう。なんとか卵子を受精させねばとあせっている人も混じっているのでしょうが!(ただしピルを服用していると、遺伝子によるプロセスが狂って思いこみで男性に惹かれて結婚してしまい、ピルの服用をやめてから、相手の男性がさほど魅力的ではなかったと突然気がつくという場合があるようです。)

科学者たちはさらに、潜在意識レベルで人間の魅力に影響する別の遺伝的要因を発見しました。それらは、あらゆる文化に共通する美の価値観というかたちで暗号化されています。たとえば、男性を魅了するのは、女性のウエスト、ヒップのサイズそのものではなく、バランスなのです。明らかにこのバランスは女性の健康度を示すものであり、進化の見地からすれば大事な要因です。

もちろん私は、恋人を選ぶときに大切なのは、人類存続への貢献度だけだと言いたいのではありません。しかし、誰かに惹かれる理由がユーモアのセンスや目の色だけではないのだということも忘れないでください。生物学者も言うように、人間もまた、パートナーは誰でもいいという生物ではないのです。

3・心理的な魅力

人はまた、心の成熟度が同じ程度の相手を選ぶ傾向があります。一人一人が自分のもつ個性的な心理から、恋人を選びます。また、両親や兄弟との親密な関係から卒業するチャンスを与えてくれる人に惹かれたりもします。

前に述べたように、(誤ってはいても)大事に抱きつづけてきた自分の信念を強めてくれるようなパートナーを探す人もいます。典型的な例として、あまりに年の離れたカップルがそうです。高齢の男性が若い女性を恋人にしたりするのは、自分は老いてなどいないし、死に近づいてもいないのだと思いたいからです。逆に若い男性と非常に年上の女性がカップルになる場合、女性は、自分ができないことは彼がみなやってくれるだろうと思っていたりします。もちろんこのような思いこみや期待による結びつきは、年齢差の離れたカップルに限ったことではありません。

人の魅力には、おびただしい数の無意識のストーリー(筋書き)が影響しています。心理的に、そして年齢的に成熟してくると、私たちは自分の抱く価値観を実現していると思えるような人を、恋人に選ぶようになります。人は成長すると、自分の無意識のうちにあるものを現実化させようとするのです。

これを逆から言えば、自分が恋人に本当は何を求めているのかを意識して、感情的、心理的そして直観的にイメージに描けば、無意識のニーズに振り回されることなく、明確な一歩をふみだせます。

本書のエクササイズを行なっていけば、あなたは自分の無意識のシナリオが、より心理的に健全で、感情面でもプラスになる、自分の魅力を引き出せるようなシナリオに変わるのがわかるでしょう。

4・精神的《スピリチュアル》な魅力

時には、自分の信念や価値観を見直すことが大切です。

*自分にとって大切なものは何だろう?
*なぜ今、自分はこんなことをしているのだろう?
*自分の運命はこれからどうなるんだろう?

自分の運命にたいする見方というのは、人生の中で何度も変わるかもしれません。しかしあなたの運命観の下にある本質的な価値観は、それほど変わることはありません。

自分の運命と結びつけて理想の男女関係を考える場合、あなたはもちろん、自分の歩んできた道を理解してくれ、一緒に歩いてくれる人を探しているはずです。これは、恋人が自分とまったく同じ道を行ってくれるというのではなく、あなたの価値観を受け入れられるような道を歩いてくれるという意味です。

たがいを傷つけ合う男女関係の多くは、最初は精神的なレベルで惹かれ合い、似た者どうしで気が合うからと思っているところにその原因があります。経験や生理学的なレベルでの結びつきが弱い場合、やがてそのカップルはその心理的または生理学的レベルで、おたがい相容《あいい》れなくなってしまうのです。

次のエクササイズは、自分がもっている魅力とはどんなものかに気づいていただくためのものです。

●エクササイズ4・肉体的魅力の向こうにあるもの●

これから数日間あるいは数週間、自分が魅力的だと思う人をよく観察し、なぜそう感じるようになったのかを考えてみてください。あなたにすでに恋人がいても、このエクササイズを行なってかまいません。魅力的な人を別に見つけたからといって、その人に惹かれるがままに行動することはないのですから!

そして、今の自分の魅力は、肉体的、生理的、心理学的、精神的と分けた場合、おもにどのレベルに属するものなのかを考えてみてください。

喜びを見いだすには、「意識して生活すること」が必要

私は始終仕事に追われているので、自分にとって何が本当に喜びであり、気持ちいいと感じられる

のかを、いつも意識して生活しています。あなたもぜひ、そうしてみてください。自分が思い描く生活と、現実の生活がかけ離れないようにしましょう。毎日必ず自分のために時間をさき、楽しみましょう。自分に喜びを与えてくれるものに、いつも心を向けて生活しましょう。

といっても無理をする必要はありません。好きな音楽を五分間聴いたり、幸せな思い出にひたるだけでも、愛と喜びを生理学的に体験できます。イタリアには「自ら満ち足りた人には喜びがある」という言葉があります。自分に手のとどく範囲で、喜びと満足を得る方法を見つけられれば、愛への旅も効果が上がり、楽しいものになるでしょう。

そのためにも前出一二ページの「エクササイズ1・自分を楽しませてあげる時間をつくる」は、ぜひ一度行なってみてください。

★ 復習──毎日、楽しみを見つけよう ★

エクササイズ1と2（2は二五ページ）を復習しましょう。あなたに喜びを与えてくれるものを思い出してください。いつも一定の時間をさく必要はありませんが、できるだけ頻繁に、理想としては毎日、意識して喜びを感じるようにしてください。

◆

喜びを感じ、さらに魅力的になる以外にも、真実の愛を見つける方法はいろいろあるかもしれません。しかし人は、心の底から楽しんでいる時がいちばん魅力的なのです。

恋人を必死に探していると、自分に喜びを与えてくれるものや友情を見失いがちになります。しかし自分で喜びを見つけられると、自信が増し、魅力が高められ、自分で自分の人生を生きていく力が育っていくのがわかります。喜びを見つけ、自分の魅力を高める能力は、幸せな男女関係を築いたり、あるいは倦怠期を迎えた二人の関係を再び深めたりします。

積極的に喜びの状態＝愛の状態をつくり出せるようになったら、次の段階に進みましょう。そこでは、あなたは本当はどんな人であり、愛に何を求めているのかを明らかにしていきます。しかしその前に、直観力を働かせるためのプロセスについて知ってほしいと思います。

チェックリスト

- **私は毎日の生活に、喜びと愛を感じる状態をつくり出します。**

第2章

直観力を働かせるには

直観力と愛

直観力は、他の方法では得られない貴重な情報源なので、愛を見つけ深める手助けとなり、その効果ははかり知れません。たとえば、パーティーの招待を丁重に断った後で、出会うべき相手がそこに来るような気がして、やはり出席しようと思った経験がありませんか？　直観力を使うことによって、

*初対面の相手があなたのことを、「この人は私のことを理解し、認めてくれている」と感じてくれます。

*相手を惹きつけ共通の話題を見つけるために、自分のどの部分を出していけばいいかすぐにわかります。

*相手の求めているものが何か、そしてどうしたら満足してもらえるかがわかります。

＊自分が歩んできた人生について深く知り、自分が必要とする相手がどんな人なのかがわかります（それまで気づかなかった人かもしれません）。また、そうしたふさわしい相手とどこで出会えるかもわかります。

＊そして最後に、満足できる愛情関係を見つけるプロセスで浮かび上がってくるかもしれない自分自身の問題がわかり、それらへの取り組み方もわかってきます。

自分自身について、そして理想の相手が望むものを知るうえで、直観力の助けは欠かせません。気づいていようがいまいが、それはつねに働きつづけていますが、いい方向にも悪い方向にも働くので、意識していないといけません。

直観力の本質

直観力には難解な部分などありません。それは誰にでもある能力で、他人、自分自身そしてまわりの世界から、他の方法では得られない情報を引き出します。

その理由は完全にわかっているわけではありませんが、たとえばこんな可能性を考えてみましょう。あなたの五感には、自分で気づいている以上の能力と広がりがあるとしたら？ あなたと空間的にも時間的にも離れた、いろいろな物事と結びつくことができるとしたら？ あなたが感じとるすべてのものに、なんらかの意味があるのだとしたら？ これらが真実だと思えるなら、直観力の存在はなんなく受け入れられるでしょう。

直観力を信じられない人が多いのは、その性質からくる誤解や混乱によるものです。たとえば、合理的な考えより前に直観的な印象が訪れるといっても、合理的な考えに先んじて働くものがすべて直観力とはかぎりません！　考えなしに口から出る言葉が、必ずしも直観力の現れというわけではないのです。大事なのは、直観力にたいして行きあたりばったりでなく、一貫性のあるアプローチをとることです。

直観力を発揮させるためのプロセスは、とても単純

直観力はいつでも働いているので、私たちは自分の直観力が働くプロセスを知り、意識してコントロールできるようにならなければなりません。そうしてはじめて、直観的な感覚を役に立てられる力が身につきます。しかし直観力を信じている人でも、それが自由にコントロールできるものだとは思っていないものです。彼らは直観力を働かせる練習をしていないので、どこからか偶然にやってくるものだから頼りにはならないと思っているのです。

しかし、直観力を発揮させるためプロセスは、じつはとても単純なものなのです。

1・簡単な「五感のセルフチェック」を集中的に行なう

これには短くて数秒、長くても二、三分で充分です。何か特定の問題を心に問いかけ、それにた

いして意識を向け、あなたの直観力がどう働きだすかを見てみてください。その時のからだの感覚すべて——触感、におい、視覚、音に注意し、また今の自分の感情、頭の中に浮かんだ考え、思い起こした記憶にも心を向けましょう。

このセルフチェックの技法は、これからのエクササイズでもしばしば最初に用います。

2・特定の問いかけに集中する

頭に浮かべたその問いかけを、もっと明確なものにしていきましょう。つまり、自分がその問いかけで本当に知りたいことをはっきりさせるのです。「この二年以内に、私はジェイクと結婚するべきかしら?」のような期待がらみの問いかけではなく、「この二年以内にどんな人と恋におちるのかしら?」のような聞き方のほうが、より客観的な答えを得ることができます。

3・得られた第一印象を記録する

このプロセスで得られるどんな印象も、大切な情報です。直観力に問いかけるなら、あなたが感じ、思い出すことすべてが、答えを見つける糸口を与えてくれます。自分の心の中やまわりの環境の中で気づいたどんなことにも意識を向け、ノートに書いたり、テープに記録するなどして残しましょう。

あなたの意識は刻一刻変わっていくでしょうが、それでも最初に頭に浮かべた問いかけについて得られた感覚や情報に、自然に集中していくはずです。すべてに意味があると考えましょう。そうすれば、より幅広く、多くを感じられるようになります。

4・得られた印象・情報を一つ一つ解釈する

この方法に慣れるまでは、直観力があなたに語りかけてくる言葉は、「ロバートにデートを申し込むといい」とか「彼はあなたに無視されているように感じているよ」というようにはっきりは教えてくれません。直観からのメッセージは人によって、視覚的イメージやシンボル、心の中で聞こえてくる声、あるいはからだに起こってくる感覚など、さまざまな形でやってきます。

感覚、思考、そして想起など、さまざまな要素の組み合わせで情報が与えられる場合もよくあります。その情報も最初は意味不明かもしれませんが、パズルをするように情報を組み立てていけばいいのです。それが正確な情報だと信じ、意味がわかるまで、情報のかけらを一つ一つ解釈し、組み立てていくのです。直観力の独特な言葉づかいとシンボルに慣れましょう。私たちは印象だけでただちに意味をつかむことはできないので、時々、得られた印象を見直し、解釈し直していくことが必要になります。

4で述べた直観的印象は、どんなふうに働くのでしょう。たとえば、危機にあるあなたの今の愛情関係がどうなるか、直観力に尋ねたとします。すると、ちょうど車があなたのいる所にまっしぐらに走ってくるような感じがするでしょう。そして直観で得られた印象を解釈すると、今ある愛情関係の問題は、何もあなたの側だけのものではないのだとわかってきます。

直観力はあなたに、物事をその自然ななりゆきにまかせるようにと、シグナルを送ってきます。いったいこれから何が起きるんだろうと考えてエネルギーを浪費するよりも、物事の自然ななりゆきを受け入れるようにすべきです。

直観力がもたらす情報によってあなたは、相手との関係にかんする、さまざまなシグナルが察知できるようになります。これは自分だけの問題だと思いこんでいたあなたは、そんなシグナルを今まで見逃していたのかもしれません。しかし直観力は、手がかりとなるすべてを利用します。

あなたの直観からきた印象を解釈して、すみやかな意思決定のために生かしましょう。

「直観力→論理→感情」このプロセスを意識する

私たちが直観力をあまり意識して使えない理由の一つは、身の回りに入ってくる情報が多すぎるからです。直観力のワークに慣れないうちは、自分の目標に関する不要な情報をいっさいもたないようにしましょう。

せっかちに理屈で白黒を決め込んだり、感情に振り回されないようにし、思考を落ち着いたクリアーなものにしておくには、執着から自由な、客観的な見方が必要です。論理的な(理屈の)心を静めるためには、次のワークが役に立ちます。

＊何枚かのメモ用紙に一つずつ〝質問事項〟を書いて、それぞれを封筒に入れ、それからどれかの

封筒をランダムに選び、直観力で中身の質問を〝読んで〟みます。

＊自意識がじゃまをしないように、声に出して読むか、あるいは別の紙に書き出しながら行ないます。

私たちは今まで、分析的に物事にアプローチし、虫の知らせのような予感や〝気まぐれな〟感情を無視するような教育を受けてきたので、直観力による印象は、論理的な(理屈の)思考のプロセスに簡単に押しのけられてしまいます。悪いことに強い感情もまた、直観力をしめ出す傾向があります。

ですから、心の中で生じた問いかけや問題にたいしては、㈠まず直観力で、㈡それから論理で、㈢最後に感情でアプローチする練習が必要です。もちろんこれは、直観力が他の二つにまさっているという意味ではありません。そうでなく、まず直観力で問題にアプローチするためには、感情と理屈を寄せつけないようにするということなのです。

直観的印象を確かめてから行動する

「期待や恐れと、純粋な直観とはどのように見分けたらいいのか」という質問をよく受けます。期待や恐れとちがって直観は、執着のないものの見方からやってきます。強い感情から何かのイメージや印象を得たとしても、それはおそらく直観力ではありません。また逆に、論理(理屈)や感情以外の見方から問題にアプローチできたなら、それはあなたの直観力が語りかけていたのです。

直観力を「信頼する」必要はありません！　本当の直観によって得られたものの正しさは、つねにあとで立証され、皆を驚かせるからです。直観力によって推理し、得られた情報を、その結果とくらべてみればわかります。

直観的情報を感じたら、その情報にいろいろ問いかけてみましょう。

たとえば、恋人があなたに何か面倒な打ち明け話をしなければならないらしく、あなたは「結婚式を延期するべきではないか」という胸騒ぎを覚えたとします。

しかし、すぐに式場の担当者に電話したい気持ちはおさえてください。直観力を無視せず、次のような問いかけをしてみます——彼はいつそれを話すつもりなのか？　それから何が起きるか？　それは私たち二人ともを巻き込む問題なのか？　そうだとしたら、乗り越えることができるか？　彼は状況をよく自覚しているのか？　など。

このように直観力をテストし、それが正しいものだとわかれば、次にあなたは自分の論理的な心に、役立つ情報を送ればいいのです。何も起こらなければ、結婚式を延期すべきではないかという先の胸騒ぎは、純粋な直観ではなかったのでしょう。また、恋人に何か気になることがあるか尋ねてみるなど、直観力以外の方法でも調べられます。

直観力で得られた情報をまとめる

あなたの直観的印象がいったん出そろったら、次にあなたの論理的な判断力を使って、そうした印象の意味を理解し、あなたの最初の問いかけを論理的な点からみていきます。論理的に出てきた結果が直観と矛盾するようなら、さらに問いかけを重ねて、直観的印象のテストを続けましょう。

まったく直観だけに頼って何かを決断できるという状況はめったにありません。ですから、直観力、論理、そして感情のプロセスのバランスをとることは大事です。それぞれに役割、長所、短所が違うのですから。

あなたの意志に関係なく、直観力は目標に向かって働く

直観力は人間が生きていくための手段(サバイバル・スキル)であり、つねに危険やチャンスを知らせてくれます。しかし直観力はまた、あなたの意識と無意識の目標をどちらも区別せずに受け入れるので、意識的にその力を使う能力を伸ばすことが大切です。そうでなければあなたの無意識は、望まない目標へと直観力を働かせてしまい、過去の未解決の問題を再び刺激しかねません。

たとえば直観力が無意識の目標に向かうと、批判的な母親との関係を解決しようとしてやはり批判的な恋人を惹きつけてしまったり、昔の過ちにたいする無意識の罪悪感を埋め合わせる存在として、なぜか自分を抑圧してくるような恋人を選んでしまったりします。

無意識は、同時にたくさんの目的に向かって働き、必要なものをあなたの意識にたえず伝えてきますが、じつはすでに不要なものもあります。たとえば、五歳の子供には、何をしてはいけないか何度も言って聞かせなくてはなりませんが、四〇歳の大人には不要です。しかし残念ながら、無意識にはそのことがわからないのです。

しかし直観力を意識して使うと、これまでの経験や解釈のパターンをつくり直すことができるので、無意識は新しく喜びに満ちた、人生を肯定するシナリオを学んでいきます。理想的な愛情関係を築くとか、今の関係を深めるなどといったテーマを直観力に問いかければ、そうした目標の実現を助けてくれるものすべてに、あなたは気づけるようになります。

直観力を信じられなくても、信じているように振舞えばいい

直観力を信じられなければ、自分でその力を納得するまで、心をオープンにしていればいいのです。それでなにか失うものがあるでしょうか？　少なくともあなたのコミュニケーション手段は拡大し、周囲のものや人々にたいする気づきが深まります。他者とのやりとりで得られるメッセージに、意識的あるいは無意識的に、心を同調《チューニング》させられるようになります。

直観力を意識的にうまく働かせられないうちは、すぐに人の心が読めないからといってがっかりしないでください。最初は練習にもどかしさを感じるかもしれませんが、練習をくりかえせば直観力は伸びていき、想像力が開花して、自分自身や、自分の必要とするものにたいする洞察が深まります。

息子の保育園で学んだ直観力

息子のサムソンの通う保育園に、いったん泣き出すとなかなか泣きやまない女の子がいました。そ

うなると先生たちは心配して、歌ったりなだめたりしながら彼女をあやすのですが、あまり効果はありませんでした。二歳児のクラスだったのですが、彼女はまわりの子供にくらべるといくらか幼かったのです。先生の慰めも、彼女にはまだ聞き取れないのではないかと思えました。

ある日、サムソンが保育園に行くのをいやがったので、私は保育園に彼を送ってからもしばらく残り、他の子供たちの相手もしていました。

例の女の子が泣き出したのは、それからすぐでした。サムソンは自分のママである私が彼女を抱き上げるのをいやがりましたが、泣きやんでくれるのではと思い、昔ヘブライ語学校で教わった歌を歌ってあげました。

するとどうでしょう、彼女はにっこり笑ったのです。先生たちはとても驚いて、私のたいして上手でもない歌に耳を傾けました。「子供のあやし方がお上手なんですね。この子が泣き出すと、私たちみんなお手上げだったのに」と一人の先生に言われました。

お昼になって彼女の父親が迎えにきてくれる時まで、私はそれこそ至高の聖母にでもなったような気分でした。父親が彼女を抱き上げて語りかけるのを、ほほえましく眺めていましたが、突然、私の歌に彼女が泣きやんだ理由がわかりました――父親が語りかけた言葉は英語ではなく、偶然私の歌と同じヘブライ語だったのです！

「Iモード」（相手との一体化）による直観力コミュニケーション

言葉ではなくいろいろなしぐさで、人から親切を受けた経験がありませんか。たとえ不器用な親切の表わし方でも、そこに真心があるなら、その人の愛を感じられます。

大切なのは口に出す言葉だけでなく、あなたの思いや、自分自身や相手のことを心にかけているそのエネルギーです。五感すべてを使った、からだ全体でのメッセージを相手に送りましょう。

私はこれを、「Iモード(相手との一体化)・コミュニケーション」と呼んでいます。そのためには、相手の立場に立つだけでなく、からだごとその人に「なりきる」ぐらいの一体化が必要です。相手の考えていること、感じていることを、あたかもそれが自分のものであるかのように、ありありと感じる努力をしてみましょう。これができるようになれば(そのためのエクサイズも本書に用意してあります)、その人の感情や思いだけでなく、相手に理解し受け入れてもらえるように、自分の思いと感情を伝えるいちばんよい方法がわかります。

あとの章で直観力についての復習をしますが、次に、テレパシーを使って相手にメッセージを送る方法と、何を伝えるべきかを考えましょう。

このエクササイズを行なってから、先へ進みましょう。

●エクササイズ5・相手に電話をかけさせる●

今、電話で話をしたい人を思い浮かべましょう。このエクササイズの目的は、決めた時間内（できれば一日以内）に相手に電話をかけさせることです。

しばらく連絡をとり合っていない友だち、学生時代のルームメートなど誰でもいいのですが、その時間内に電話をかけてくることがわかっている相手は除きます。それから、言うまでもなくあなたの電話番号を知っている相手です。

これ以上の説明は不要でしょう。楽しんでください。結果については、次の章で解説します。

第3章

愛のテレパシーを使う

男女関係のテレパシーとは？

これまで直観力は情報収集能力だと説明しましたが、それは「テレパシー」だとも言えます。テレパシーとは、はるか遠くの相手に思考や感情を送信し、また受信する能力です。直観的体験といえば真っ先に人々が語るのがこれですし、実際に、これまでの人生でテレパシーを体験したという人も多くいます。直観力と同じく、テレパシーもつねに私たちがもっている力であり、やはり気づかないうちに働いています。

テレパシーの存在は、科学的調査からも確かめられています。メッセージを伝えたい人が相手の後頭部を見つめるだけで、受け手は自分が見つめられていることを言い当てたという実験結果が数多く現われ、科学者たちは驚きました。

また「遠隔視」(リモート・ビューイング)の実験も数多くくりかえされてきています。ＣＩＡは情報収集の手段として、「観察者」が何千マイルも離れた場所で見ているものの詳しい情報を「受信者」が受けとるという能力開発のため、何百万ドルものお金をそそぎ込んだほどです。

テレパシーは、その他の直観的な能力にくらべてより能動的です。直観的に情報を「受信」するだけでなく、気づいていようがいまいが、誰かに「送信」してしまうからです。どこにいようと関係なく、あなたは思考や感情を送りつづけ、まわりの世界に影響を与えているのです。

第2の実験（エクササイズ5）を復習する

好きな相手から電話がほしいと強く思った経験があるでしょう。電話のそばで、その人のことを思い、心の中で「電話をかけて！」と祈ったことが。

やがてあなたは、あきらめの気持ちになり、「なんで電話をかけてきてくれないの？」という疑問が頭をなんどもよぎります。孤独を感じ、彼に嫌われてしまったのではないかと、電話がかかってこない理由をあれこれ考えますが思い当たりません。「どれだけ私が電話を待っているか、わかってるのかしら」と悲しくなりますが、そのうち悲しみは怒りに変わったりします。「私がどんな気持ちだかわかってるなら、電話をかけてくるはずよ」。

しかし、本当にそうでしょうか？——思考についての、こんな実験をしてみましょう。相手の心にあなたの考えていること、感じていることが実際に聞こえていると想像してみます。相手は本当にあなたといま話したいと思ってくれるでしょうか？　実際には、あなたの怒りや恐れや強い要求を感じとって、今はあまり関わりたくないなと思うのではないでしょうか？　死にもの狂いで自分を求め獲得しようとする人間をどう思いますか？　そんな人のそばにいたいと思いますか？

恋焦がれて電話を待つかわりに、ロマンティックな想像をしたり、彼とのつながりを深く感じてみたらどうでしょう？　おたがいの声を聞き、言葉をかわし合う喜びを心の底から感じたらどうなるでしょう？　愛情関係は、相手から何かをもらうのではなく、喜びの与え合いでなければなりません。

あなたの気持ちは少しずつ、あなたが想像した明るいイメージにそって変わっていくでしょう。その変化を感じてみてください。相手にもその変化が伝わるでしょう。電話をかけられないやむを得ない事情が彼にあったとしても、必死の念波を送るのではなく喜びのメッセージを心で送ってくれる相手なら、きっと電話をかけたくなるはずです。

男女関係のテレパシーは、マインド・コントロールとは違います。ぜったいに無理強いはできません。死にもの狂いになればなるほど、相手を遠ざけてしまいます。

テレパシーは、あなたの五感すべてを使ってメッセージを送った時に、最大のパワーを発揮します——電話がかかってくるといいなとありありと感じる、電話を見る、かかってきた電話の音をありありとイメージする、「Iモード」でできるかぎり相手の存在になりきる。

忘れないでほしいのですが、私たちはつねにテレパシーを使ってメッセージを送りつづけているのです。このエクササイズを意識して行なえば、それは信頼できる力だとわかるでしょう。

●エクササイズ6・もう一度、相手に電話をかけさせる●

先の「相手に電話をかけさせる」エクササイズ同様、電話をかけてほしい相手を思い浮かべます。今度は、直観力とテレパシーの双方を利用します。

まず、四六ページの1で行なったような、からだの感覚のセルフチェックから始めましょう。次に、相手が電話をかけたくなるような、(あなたがテレパシーで送りたい)感情やメッセージを直観力に教えてもらい、その内容をメモしておきましょう。

相手がどこにいるか、あらゆる感覚を使って「探し」ましょう。彼が職場にいるのを「感じ」たり、自宅にいるのが「見え」たり、彼が見ている映画のセリフが「聞こえる」かもしれません。どこにいるかを感じたら、その感覚を保ちつづけてください。

それでは、感覚をフルにつかって相手の存在になりきり、それから先に感じた感覚、イメージ、感情、思考を相手に送信します。

相手を不安にさせるメッセージを送ってはいけません。(たとえば、緊急事態でもないのに、そう思わせるようなメッセージは避ける。)

【ある人のケース】

窓を打つ雨音が聞こえてきます。悲しみと不安の入り混じった重たい気分になりましたが、心で幸せを感じるようにし、楽観的に考えました。朝のにおい、トーストの香りがします。コーヒーにシナモンを入れて飲んでいた私の目は、ふと、右手の中指にしていた指輪に目をやりました。

その指輪は妹からもらったのですが、ひどいけんかをしてからは連絡もとっていませんでした。でも子供のころ、両親が起き出す前に一緒に仲よく朝食の用意をした思い出を、私は大切にしていました。

そこで、このエクササイズの相手を妹に決めました。母のこと、実家のこと、心地よさ、安らぎなど、妹が電話をかけたくなるような感情を心に感じていきました。イメージの中で、二人で公園のベンチにすわり、サンドイッチを分け合っておしゃべりをする場面、そして妹が、二人の関係が昔に戻ってうれしく感じる場面を思いました。

妹が、アパートのベージュ色のイスに腰かけているのが見えます。なにか腕が腫《は》れあがっているようですが、静かにすわっています。目の前にあるオーディオセットを見つめています。立ち上がらなくてはならないのですが、そうしようとはしません。

私は「Iモード」で妹自身になりきり、私といる安心感をありありと感じていきました。妹のそばには私がいて、彼女は私の肩に頭をあずけています。最初こそ緊張していましたが、私がすべてを受け入れてくれるとわかり、安心しきったようすです。

そして、妹が電話の受話器をとりあげる光景をイメージしました。

〈次に起きたこと〉

その瞬間、電話のベルが鳴ったのでとても驚き、ふるえる手で受話器をとったのですが、それは近所の花屋からの配達日の確認の電話でした。結局丸一日たっても妹から電話はなかったのですが、私のほうからは電話をかけられませんでした。そこでこのエクササイズを、友人相手にもう一度行なってみました。すると効果はすぐに現われ、友人からはすぐに電話がかかってきました。私はこれが妹からの電話だったらと、本当に心の底から思いました。

それから三週間後、妹の夫から電話がありました。妹のたっての願いでかけたのだという電話の内容は、彼女は病気を患っており、過去のことは水に流して私と話をしたがっているというものでした。

私から電話をかけると、彼女はすぐに、どれだけつらい時期を過ごしたか、むかし私と一緒にいてどれだけ楽しかったか、どれほど私に会いたいと思っていたかを話してくれました。こうしてけんかから二年後、私は妹と再会できました。二人の間にあった壁はすっかりなくなり、以前の私たちに戻っているのを感じました。

ふり返ると、妹の無意識のテレパシーが私に、エクササイズの相手として妹を選ばせたのか、それとも私のほうのテレパシーが妹にそうさせたのかはわかりませんが、私にとってはどちらでもいいことです。いずれにしても、私と妹はふたたび連絡をとり合い、いっそう絆を深めるようになったのですから。

……検討すべきポイント……

このエクササイズは何度行なってもかまいません。また、実際に電話をかけてほしい恋人が現実に現われるまで待たなくても、親しい人にたいして行なってもけっこうです。他にもテレパシーを使う方法はたくさんありますが、このエクササイズは、テレパシーがどのように人間関係に影響するかを、はっきりとあなたに見せてくれます。

まわりの世界や人々に、自分は愛を迎え入れる用意ができているというシグナルを伝え、またそのシグナルを未来の恋人に見つけてもらえるようになるのが、あなたの目標です。

最初はうまくいかなくても、がっかりしてはいけません。一日たっても電話がなければ、自分からかけましょう。彼の第一声は、「君からだと思ったよ」かもしれません!

忘れないでください。テレパシーは相手の意志を無視した無理強いはできませんし、電話をかけてこなかった理由が、まったくあなた自身とは関係ない場合だってあるかもしれません。とにかく、可能性のある相手を選びましょう。エクササイズの努力に比例して成果はあがりますから、定期的に行ないましょう。

あなたはどんなメッセージを相手に送っていますか?

私たちは自分が意識している、あるいは望んでいる以上に、まわりに思考や感情を発しています。「自分はダメだ」「もう恋なんてするものか」「彼女のほうがきれいだわ」と考えていれば、それはメッセージとしてまわりにも送られています。ですからテレパシーを使うさいは、自分の思考、感覚、信念、そして感情によく注意しましょう。

前向きで楽観的な思いになれ？　できるならとっくにそうしてるよ、と思われるかもしれません。あなたは何も、前からのやり方や考え方を全部捨ててしまう必要はありません。しかし自分が本当に送りたいメッセージを送るには、ポジティブな思考、感情を出すことはやはり必要なのです。そのために、あらゆる感覚を使って、幸せで楽しかった経験をできるだけ何度も思い出すようにします。

もし思い出せないのであれば、記憶をキルトのように縫い合わせて新しい思い出をつくりましょう。幻想でなく、本当の記憶のかけらをつなぎましょう。実際の経験には、五感すべての感覚が含まれているからです。概念や感情以上のものを思い出さなくてはなりません。思い出の中のにおい、音、手ざわり、感情、味、光景をフルに思い出します。

次のエクササイズは、相手とのテレパシーを使ったコミュニケーション能力を伸ばすためのものです。現在恋人がいない人でも、未来のパートナーへテレパシーを使って、正しいメッセージを送れるようになります。自分がどんな相手を求めているか、愛の目標設定をはっきりさせ(これについては第4章でとり上げます)、その人を招きよせるにはどんな自分でいるべきかを考えましょう。

本当の自分を好きになってほしいのなら、自分の個性を殺して演技してはいけません。あなたの演技の部分に惹かれて恋におちる人が現われても困るだけです。エクササイズで得られた印象はメモしておき、それらを次の行動に生かしていきましょう。

●エクササイズ7・言葉だけでなく……●

次の質問にたいする答えを考えてみましょう。

＊自分は今、どんなメッセージをまわりや相手に送っているか？
＊願いどおりにまわりや相手に反応してもらうには、どんなメッセージを伝えればいいか？

これは仕事中でも練習できます。少しばかり想像力を働かせていくだけで、あなたは、テレパシーの無限の力を開発していけます。

【例1】

何度か電話のエクササイズが成功するようになってから、毎日さまざまな状況で私はこの力を使ってきました。ある計画のことで恋人(同僚)とけんか状態にあったのですが、彼と話をしている最中にすばやく五感のセルフチェックをし、直観力に、彼にこのことで前向きになってもらうにはどうすればいいか尋ねました。すると、前日の会議で、彼に露骨に問題点を指摘したことを思い出しました。

この問題については、彼は「彼女に指図されたくない」、私は「彼が協力してくれない」とおたがい不満だらけだったので、いったんその不満を忘れなくてはならないと思いました。

会議の時、何を感じ、考え、どのように呼吸をしていたかをありありと思い出しました。その感覚をとらえ、からだに呼び起こしました。ついで何から始めるべきか頭で整理し、翌日の土曜の朝に、今日から始めましょうと彼を直接誘ってみました。次の朝から二人して取りかかっただけでなく、なんと日曜が終わるころには、仕事はすっかり片づいていました。

【例2】

今、私には恋人がいません。恋人を招きよせるのに必要なものは何だろうと直観力を集中させた時、自分のまわりを一所懸命探しまわっている自分を感じました。そして恋人探しに必死で、自分の人生にたいする興味を失っていた自分に気づいたのです。とつぜん私は、誰にたいしても、どんなことにも、どんな状況にあっても興味の対象を見つけ、長い間失っていた自分の好奇心を取り戻さなくてはならないと悟りました。

生きていく中で責任の重さに耐えかね、不要だと思ったものは切り捨てたりもしましたが、今ではわかります。私は自分の好奇心を、まず自分の世界を広げるために使わなければならないのだと。このエクササイズを習慣にしてから、人生にたいして自分が楽観的になっただけでなく、まわりの人々も私に自然に関心をもってくれるようになりました。

【例3】

私は、パートナーシップを築き家庭をもつ準備を整えておきたいと思います。子供のころの家庭環境が原因で、私にとって誰かを心から信頼するのは容易ではありませんでした。執着したあげく裏切られることへの恐れから、自分が愛のゴールとして求めるパートナーに出会うことなんて無理なのでは、と思っていました。

私がテレパシーで未来の恋人に伝えたい本当の自分に「なりきる」には、初めての恋愛で自分が抱いた気持ちを思い出す必要がありました。当時の恋人は私が望んだようには応えてくれなかったけれど、当時の私には、「自分は彼とつながっているんだ」というひとすじな心がありました。それは、自分にふさわしい相手を招き入れるために必要な、自分がいちばん一体化しなくてはならない気持ちなのです。

……検討すべきポイント……

男女関係のさまざまな場面で、さまざまな問題について、その答えを直観力でつかんでみましょう。たとえば、大切な人が何かの問題で苦しんでいると知ったら、「彼を助けるには、私は何をしてあげればいいか?」と考えてみる。あるいはパートナーとの関係が退屈になってきたら、「もう一度相手への情熱を取り戻すには、私はどうすればいいのか?」と聞いてみます。

あなたが直観力にたいして行なった問いかけと、得られた答えとをノートしておきましょう。テレパシーはいつでも直ちに働くわけではありませんが、自分がまわりにどんなメッセージを発しているかを忘れないでください。いつか誰かが応えてくれ、うれしい驚きがあるでしょう。

そのままの自分でいい

愛もエネルギーの一種です。あなたがどんな人間で、どんな相手を求めているかで、その質や強弱は異なります。

あなたが恋におちたことで、なぜか恋人以外の男性たちもあなたに恋をしはじめたという経験はありませんか?(そうなる前の彼らはいったいどこで何をしていたのでしょう?)これは、あなたの本能的な愛のエネルギーが彼らを招き入れたのです。あなたが愛について考えるだけで、愛のエネルギーは生まれるのです。

しかし残念ながら、私たちは愛に飢えたエネルギーばかりを生じさせ、悲しみや切望の念をまわりに発信し、同類のエネルギーばかりを引きつけてしまいます。悲しみや淋しさを否定する必要はありませんが、それらを無意識のメッセージとしてうっかり周囲に送らないよう、気をつけてください。

本書ではこれまで、愛を招き入れる心の状態について話してきましたが、いったんその状態になれば、無理せずに(策をくわだてたり「恋愛のルール」に従ったりしなくても)愛は自然にあなたのところへ呼びよせられます。望ましい自分になることで、あなたは、「自分はいつでも愛を受け入れます」というメッセージをすでにまわりに発しているのです。

心の底では信じていない、あるいは感じていないメッセージを送っても、本当の自分は伝えられません。そうなると自分にもまわりの人にも、なんの益ももたらしません。

◆

この章では、直観力で他者の心と同調し、愛を呼び入れるためのメッセージをまわりの人々に送る方法を紹介しました。数週間あるいは数ヵ月で、あなたの能力は伸びていくでしょう。

これから先の章ではさらに実際的な方法で、あなたの直観力とテレパシーを使う方法をとり上げます。それでは次のステップ＝「自分が本当に求める愛のゴールを設定する」段階へ進みましょう。

チェックリスト

- 私は毎日の生活に、喜びと愛を感じる状態をつくり出します。
- **私は、自分とまわりの人々についての直観的な情報を受けとり、また自分にふさわしい愛のメッセージをテレパシーで伝える方法を知っています。**

Practical Intuition™ in LOVE

ステップ 2

愛の目標をはっきり描く *Creating the Map*

第4章

愛のゴールセッティング——目標を定め、ベースを固める

人生の二大悲劇

劇作家オスカー・ワイルドは、人生の大きな悲劇は二つあって、一つは「欲しいものを手にできないこと」もう一つは「欲しいものを手にしてしまうこと」であると言いましたが、愛の旅を歩む私たちにも、まさにこれがあてはまります。

私のワークショップでは、恋人に何を求めているか正確に言えず、「魅力的な人」「面白い人」「スポーツができる人」「頼もしい人」といった漠然とした月並みな言葉でしか表現できない人が多いので驚きます。

しかもこうした人たちは、(意識して設定する目標とは相反する)無意識の欲求がいかに現実化するか、まったく気づいていないようです——しばしば人は、無意識的に抱いている目標のほうにたどり着いてしまい、意識的な目標とは正反対の結果に至ります。

あなたの愛の旅の成功は、目標設定のいかんにかかっています。本書ではこれから、男女関係であなたが本当に求めるものをはっきり知っていただくための方法をお話ししたいと思います。

自分の求めるものを、人の求めるものと混同しないように

愛に向かうのは、人間の根元的な心のうながしです。愛の力は人を守り、子供を産ませ(三〇歳になった時、私は父から半分いやみで、「子供を産むのは女の生物学的な宿命だぞ」と言われました)、種を存続させるために欠かせません。愛のふれあい、保護(安全)、絆、そして官能性の力は誰もが必要としています(セックスはこれらすべての情熱的な組み合わせです)。

愛のふれあいは喜びのためだけでなく、生物学的に必要なものです。それは食物や安全な場所と同じぐらい欠かせないものであり、前にお話ししたように、赤ちゃんは触れてもらうとそれだけ健康で成長も早いという科学的事実があります。ふれあいは私たちに心の栄養をもたらします。マッサージをし合う、心をこめて握手を交わしたり抱きしめたりする、話しかけながら相手に触れるなど、そのチャンスを増やしましょう。

もちろん人と人とのふれあいが最も有効ですが、他にもあなたの五感を使ってふれあいを感じる方法があります。たとえば肌ざわりのよい生地や刺激の少ないローションは、からだに心地よく感じます。また、好きな音楽や音、香り、味、そして好きな色(視覚)によっても、快いふれあいの感覚を感じられます。楽しい気持ちや、幸せな記憶をよび起こすものを選びましょう。

次に、自分は守られているという気持ちも必要です。安心感や心の栄養も、お金、持ち物、セルフコントロールの力と同様、欠かせません。

「私は長い間、自分は家族から本当に愛されているんだというふりをしてきました。守られているという幻想が必要だったんです。でも私は恋愛関係の中で、今までつき合った男性はみんな自分を尊重してくれていなかったこと、彼らにとって私はべつに大切な存在じゃなかったんだ、ということに気づいてしまいました」という苦しみをかかえる女性もいれば、こんな悩みをもつ男性もいます。

「男はいつも女性を守らなくてはならないんだと思っていました。でも、自分たちがもう保護される必要がなくなると、彼女らはもうぼくを必要としなくなったんです。そして、私にあれこれ指図しないでよと文句を言うようになるのです。与えるべきものは十分に与えたのだから、そのぶんの見返りを求めてはいけないんでしょうか？　愛なんかより、お金や地位のほうがまだ信頼できます。これじゃ、恋人が見つかるわけないですよね」

ロマンティックな恋に自分が求めているのは何なのかに気づき、直観的な気づきを通して自分自身のことをよく理解できれば、自分が相手に望むもの、必要とするものがはっきりします。そうすれば、回り道をせずに本来のパートナーに出会えるでしょう。

「恋人がすべての願望を満たしてくれる」などと期待しない

男女関係における失望の大きな原因は、「恋人ができれば、彼は自分のすべての願いを満たしてくれるはず」などという思いこみです。こうした思いこみは、無意識的なものです。これはおよそ非現実的な願望です。愛が人生の大半を占めることは認めますが、あくまでも全てではありません。

人が死にもの狂いで愛を求めている時は、この事実になかなか気づきません。あなたが愛に求めるものは、あなたの仕事、友情、大切な人間関係において求めているもの、またあなた個人が必要としているものに左右されるので、これらの必要性をバランスよく満たすことが大切です。

愛情関係に入ると、あなたはどう変わるか?

未来のパートナーに自分が求めるものを考えるさい、その人と一緒にいることで自分自身がどう変わるか、想像してみましょう。

恋をすると、ふだんはわからない自分を感じられます。人が愛情関係を求めるのは、本当の自分、自分自身のすばらしさを感じたいからなのです! あなたに芸術的才能があるなら、愛はその才能を引き出し、あなたの魂に満足をもたらすでしょうし、ロマンティックな愛情関係にあれば、また違う自分の面が花開くでしょう。

恋をしたいと思うのは、よりすばらしい自分になりたいからです。私たちの多くは、自分の足りない部分を補い、最高の自分を引き出してくれるパートナーを求めているのです。

次のエクササイズは、この点に注目したものです。

●エクササイズ8・自分には何が足りないのか●

自分の人生について、思っていることをいろいろ書いてみましょう。あなたはどんな人生を望んでいますか？　今のあなたの人生に足りないと感じるものすべてを、リストにして書き出してみましょう。

今のあなたはどんな人間であり、どんなふうになりたいのでしょう？　以前の（あるいは今の）男女関係では実現しきれなかった、自分のいろいろな部分の一覧表をつくってごらんなさい。

このエクササイズは、愛について、あなたの人生全体から考えるためのものです。

【ある人のケース】

私は仕事上では成功し、社会からも認められ、すばらしい友だちもいます。デートもしますが、この人こそ人生をともに歩く男性だと思える人にはいまだに出会えません。

ほとんどの時間を職場かあるいはスポーツジムで過ごしています。そのため、つき合うのは仕事をつうじて知り合った人ばかりで、ほとんどが既婚者です。経済力、友だち、容姿、健康そしてよい仕事など必要なものはすでに手に入れましたが、これで十分とは思えません。

恋人がほしいのです。離れていると会いたくなる、そんな、おたがいを求める情熱が必要なのです。

家を購入し、家庭を築きたいのです。家族が仕事のはりあいとなり、また仕事が家族を支える、そんな夢を抱いています。私が育った家のように、出来事や思い出を分かち合い、笑いがたえず、たがいに尊敬し関心をもち励まし合う、そんな家庭を築きたいのです。

いろいろものを手に入れても、今の自分では不安で、昔の自分に戻りたくなります。ふさわしい相手と一緒に生きていく準備はできていると思いますが、同じ過ちをくりかえしてしまうのでは、と思うと怖いのです。責任感が強いタイプなので、よく自分を追い詰めたり、いらぬ責任をしょいこんでしまいます。賭けに出るタイプではありません。変化が怖く、どうしてもチャンスを取り逃してしまいます。

私には、安らぎと刺激の両方が必要です。物事に挑戦し変化を起こしつつ、自分がいまもっているものの価値を知りたいのです。男女関係についてはとくにそう思います。現状維持の状態に挑戦し、望む結果を生み出すために、思い切って行動に移せるようになりたいと思います。愛情関係によって人生を広げ、夢を二人で分かち合っていけたら、と思います。

でもこれまで、この人こそ自分にふさわしいと感じた経験がありません。ひたすら相手につくしたりせず、ありのままの自分になれていると感じたことも、自分が誰かから支えられ、パートナーとして認められていると思えたこともありません。相手と同じ目標に向かって努力した経験がありません。そして自分の楽しみはいつも後回しでした。

（彼女の解釈）

自分の生活についてこうして書いてみると、あらたな恋人と愛の関係を築きたいと望んでいるのがわかります。今の私の生活に唯一足りないものです。仕事が最優先の生活で、ふさわしい恋人に出会うためにリスクをおかしたり、変化を起こしたりするのはあまり積極的ではありません。

ひとりの人生に慣れてしまったのかもしれません。以前は楽しいことが大好きで、気苦労のない恋人もいましたが、結局一緒には楽しめませんでした。私は、自分自身の楽しみをもたねばならなかったのです。

一人で戦うのでなく、一緒に問題と取り組んでくれる相手が必要です。正直言って、恋人がいたころも今と同じ淋しさを感じていました。今は伴侶がほしいのです。私が求める情熱的な愛情関係は、これまでのような一目惚れのような関係ではなく、愛する人と何かを築くことから生まれるのだと思います。

そして、対等なパートナーシップというものがどれほど大切なものか、自分にはわかっていませんでした。今はもう、自分を犠牲にするのはごめんです。

自分に必要なものを深く掘り下げる

とくに愛に関しては、自分にとって本当に必要なものはしばしば見えなくなるものです。空腹時には、何を食べればいいかなど、何の問題にもならないでしょう。しかし愛となるともっと複雑です。空しさや淋しさや孤立を感じていると、かえって自分が本当に求めている恋人がどんな人かがわからなくなります。

あなたの無意識の心理に触れる方法は三つあります。夢、イメージ、そして直観力を利用するのです。

1・夢を使って無意識に触れる

夢は、自分がどこに行こうとしているか、どんな問題があるのかを教えてくれます。夢は、無意識を通して日々の出来事や、経験や、問題を「ダウンロード」するための機会となります。たとえば、気づかないうちに自分を悩ましている対人関係、あるいは心の裏にある問題などです。その問題は具体的なかたちで夢の中に出る場合もあれば、なにか象徴的な形で暗示される場合もあります。

夢は、起きている間は抑制しているような直観的な情報を私たちに見せてくれます。無意識は私たちが眠っている間、解決すべき問題を必死に示そうとしてくる一方で、意識が耐えられないような現実を隠すようにも働いています。そのため、夢の中では直観力による情報がそのまま現われないこともあります。夢は未来を予言できますが、後になってそれが正しかったことに気づくのは、その意味がしばしば隠されているからです。

【ある人のケース】

夢の中で私は、パリのホテルへ入って行きました。普段着だったので、場違いな気持ちでエレベーターに乗ったのですが、乗り合わせた男性に見つめられ、自分の服装を恥ずかしく思いました。どうして知ったのか覚えていないのですが、彼の名前はジョンでした。

彼こそ自分が結婚したい相手だと思いましたが、ジョンは、こんなラフな格好でホテルにやって来るような女性とは結婚したくないだろうと思いました。ホテルを後にして、最大の恋のチャンスを失ったと感じながら、人々が車に乗って出て行く中、私だけ歩いていました。でもやっと結婚したい相手に出会えたんだ、ということを考えているうちに目が覚めました。

(彼女の解釈)

この夢を見て最初は、自分の身なりや能力に感じる劣等感を取り除かなくてはと思いました。私はその夢から数年後、夫となる人に出会ったのでしたが、彼の名前は何とジョンでした。出会った場所は彼がパーティーに出席していたホテルで、私は買い物を終えて帰ろうとしていました(その時の私の格好は、買い物用の動きやすい服装でした)。その瞬間、あの夢には私の人格に関しては深い意味はなく、純粋に私の将来を予言する直観だったのだと気づいたのです。

……**検討すべきポイント**……

この人の解釈は、本当は正しくないかもしれません。このときの夢は、彼女に自尊心が足りないことを指摘していたのかもしれません。それを確認するためには彼女の日記を見なければわかりませんが。

私には親しい友だちが何人かいますが、多くは遠くに住んでいます。おたがいが夢の中に出てくることがよくあり、夢で相手の近況を知ったり、将来の出来事を感じさえします。「昨夜、あなたがアパートを見つけて、喜ぶ姿を夢に見たわ」というような電話をよく受けたり、かけたりします。私がつらい日々を送っていた時期、イスラエルにいる友だちは、私が困っている夢を見たと朝の三時に電話をかけてきました。この友だちはまた、私が病院で息子を出産しているのを感知したのです。夢を通して私たちは自分の本当の感情、自分自身、そして愛する人と結びつくことができ、直観力や無意識からの大切な情報をつねに知ることができます。

★夢のノート★

あなたの夢を日記につけましょう。朝、目が覚めたら、思い出せるものすべてを書きとめます。あまり詳細に書く必要はありません。鮮明に覚えている部分だけでいいのです。恋愛に関係ないと思える夢でも書きとめておきましょう。ただしその夢の意味を、すぐにあれこれ頭で考えたりはしないでください。

もし夢を思い出せなければ、目覚めた時の気分を書きましょう。最初に何を考え、感じ、まわりの何にいちばん先に気づきましたか？

日中は、愛の目標のイメージを感じさせるような絵や記事があったら切り抜いて日記に貼ります。貼れないような大きなものは、封筒や袋にストックしておきます。

こうしたワークを続けるうちに、あなたの愛を見つけ深める方法、そして障害となるものが見えてきます。これまでのエクササイズと同様、時々、前に書いたものを見直しましょう。

2・イメージを使って無意識に触れる

次はイメージや音、そして言葉によって、あなたの中にある愛の部分を目覚めさせ、共鳴させる方法です。読んでいる雑誌の中に愛の感情をよびおこす絵を見つけたり(それは家や湖の絵などの静かなイメージかもしれません)、あるいは好きな歌、チャイムの音、ティーポットの湯気が立てる音、パンの焼ける香ばしいにおい、花の香りなどが、あなたの心にある愛の感情と響き合うかもしれません。

こうした感覚的なイメージは、あなたの心の深い部分に触れてきます。それは、「自分が求めているものは何だろう」と意識して探しても触れられない心の部分なのです。ポジティブで明るい感情や連想を、あなたの生活の中に呼びいれていきましょう。

3・直観力を使って無意識に触れる

次のエクササイズでは、直観力を使って、愛の目標をよりはっきりさせ、未来のパートナーにめぐり会うために必要なものが何なのか明らかにします。

●エクササイズ9・木のエクササイズ——恋人を見つける●

五感のセルフチェックから始めましょう。感覚が集中できてきたら、直観力に質問します。そこから得られた印象やイメージは、じつは後出の九五ページの「質問1」への答えになるのですが、エクササイズが終わるまではそのページを見てはいけません。

このエクササイズは、目を開けたまま行ないます。

ここに、一本の木があります。——リラックスして、全身で、その木を感じてみましょう。その木はどんな姿で、どんなにおいですか？　幹にふれるとどんな感じですか？　高さはどれぐらいで、どんな実をつけていますか？　風が吹くと、葉はどんな音をたてますか？　晴れている日は、また雨の日ならどうでしょう？　その木がある場所はどこですか？　まわりには何があり、季節はいつですか？

次に、その木を人間のイメージに変えてみましょう。男性ですか？　女性ですか？　名前は何といいますか？　どんな姿で、どこから来たのでしょうか？　今その人は、どこにいますか？　世の中に何を求め、何をもたらしたいと思っていますか？　全身でその人を感じましょう。

次は、先の木のとなりに立つ、もう一本の木をイメージしましょう。（その結果が、九五ページの「質問2」への答えになります。）

最初の木と同じように、その木のイメージを五感で感じていきます。

それから、この木のイメージも人間に変え、先と同じような問いかけでイメージをはっきりさせていきます。

最後に、二人が立っている姿を、あらゆる感覚で感じます。彼らはどこにいますか？　おたがいをどのように感じているでしょうか？　何をしていますか？　その二人の間に愛が感じられますか？　彼らはなぜ愛し合っているのですか？　二人を結びつけているものは何ですか？　彼らはおたがいに何を与え合っていますか？　また、おたがいの何を必要としていますか？

エクササイズは以上です。それでは、九五ページを開いて質問1、2を読んでみましょう。

【ある人のケース】

最初の木は、高さは中くらいで優美な姿をしています。涙のつぶのような形をした明るい黄色、あるいは緑色の葉をつけ、引きしまった輝くような若々しい緑の枝が、太陽に向かって伸びています。若々しくさわやかな香りを放ち、魅力的でたくましい姿です。

香り高い果実が実り、まわりにあるすべてのものに恵みを与え、育みます。友だちや家族のような感じがします。情熱と共感をもってまわりの世界と接し、何があってもあわてず、静かで、自ら満ち足りています。

その木は、小さな丘の上に立っています。陽射しはやわらかく、空気も乾いていません。たぶん五月ごろ、春から初夏にかけてでしょう。

その木を人間としてイメージすると、やさしくしっかりした若い男性で、ハンサムで、生き生きとしています。慰め、喜び、そして心の滋養を与えてくれます。その木を抱きしめます。彼はまわりの人から認められ、抱きしめられ、忘れられずにいたいと願っています。彼は自分がかけがえのない存在となり、家族に喜びをもたらしたいと望んでいます。ここに植えられ、私から、「あなたを愛してる」と言われるのを待っています。

二番目の木は、シダレヤナギのような大きな木です。枝の色は黒っぽく、地面につきそうなほど垂れ、枝の下には安全な宿りの場所をつくり出しています。子どものころ、湖のそばの家にあったシダレヤナギを思い出させる高齢の木です。一番目の若い木より高く、その枝幅には成長する力というよりも、おおらかさが感じられます。ボッティチェルリの描く黒髪の女性を連想しますが、それは私の祖母の若いころのイメージです。昔のイギリス、アメリカ、そして夏の日のイメージです。シダレヤナギの枝は、若い木をやさしくなでて満足しています。若い木はそばで安らぎを感じています。「その二人の間に愛は感じられますか?」という質問には涙がこぼれそうになりました。二人の間にも、足元にも、まわりにも、中にも、愛が満ちているのですから。

彼らが落とした葉は土となり、その土からまた栄養をもらって、赤くて丸い固い実をつけます。おたがいの姿が見えることが彼らの喜びであり、おたがいのいない世界など想像もつきません。二人は喜びを与え合い、おたがいの世界を支え合います。おたがいが相手の声となり、情熱を生み、愛に結ばれています。私にはフランスの果樹のようなイメージも浮かびます。

（彼女の解釈）

それぞれの木の特徴がどんな人間を表わすかを探るのは、興味深いことでした。私のイメージでは、自分は二番目の木だろうと思いましたが、今では最初の木だと思います。書いたものを読み返してみて、自分はこれまでの愛情関係でつとめてきた役割を今度もちゃんと果たしたいのだとわかりました。でもそれが本当に自分の望むことなのかは、もっと追求する必要があります。

こうして自分が書いたことには考えさせられました。心に描くすばらしい理想はたくさんあるのに、現実の世界で実現させる勇気はなかったのですから。自分の望みどおり生きる勇気がわくまで、私はこの文章をもち歩こうと思います。これまで気づかずにいた、あるいは忘れていた自分の力のことがよくわかりました。自分の欠点の二〇パーセントは気にしても、残りの八〇パーセントについては忘れるようにします。

二本の木が一緒にいるイメージがわいた時、それまでの人生での出来事は、成長するために必要だったのだとわかりました。彼らはあるがままで満足し、分かち合っています。二人の世界は完成していて今のままで幸せなので、子どもたちのための世界を築こうと一所懸命です。彼らは目新しさや情熱を求める必要はありません。今の人生がすでに喜びだからです。そんな彼らが、個人としてカップルとして私は好きです。今こう書いていても、安らぎが感じられます。

私の未来のパートナーは、年上のヨーロッパ人だとわかってきました。一緒にいて、誰よりも心安らぐ人。そんな男性に会えそうな場所に出かけて行くつもりですが、七月には彼に出会える予感がします。

……検討すべきポイント……

このエクササイズは、愛のゴールセッティングの見直しに役立つかもしれません。自分や、理想の恋人や、今のパートナーがどんな人間なのか、初めてわかったのではないでしょうか。

直観力が描写する自分とは、あなたがそうなりたい人間像なのです。そして、直観力が映し出す恋人を観察しなさい。その人(木)があなたと同性であってもかまいません。それはあなたが恋人に求める資質を映し出しているのですから。直観力が見せてくるあなたの恋人が女性なら母親の資質が、また男性なら父親の資質が、あなたの男女関係にとって必要なのかもしれないのです。

自分が生まれたときに祖母が植えた木をイメージした女性がいました。エクササイズの後半で、木は彼女の祖母とよく似た人物に変わりました。どんなに不幸せでも家族の中心として耐えた祖母の資質を、自分は恋人に求めていたのだと彼女は理解しました。

恋人について抱く直観的イメージには、ある種の予知的な要素もあります。恋人が現われたら、このエクササイズの結果と比較してみるといいでしょう。その恋人がエクササイズで得られたイメージと違っていても、その相手は必要な人ではないという意味ではありませんから心配無用です。それはたんにエクササイズのシナリオにそって、恋人を違う観点からイメージしていただけかもしれません。あるいは、今の二人の関係には変化が必要だという意味かもしれないのです。

ところで、二本の木の関係の強さはどうなっていたでしょう？　今のあなたのパートナーとの関係も同じですか？　イメージで見たような二人の関係を保っていくために、自分自身や生活をどこか変えなくてはなりませんか？(この質問には重要な意味があるので、あなたの人生のパターン変更について書いた第7章・8章でくわしく説明します。)

これから何日かは、このエクササイズで出てきたイメージについて、その意味とメッセージがよく理解できるまで考えてみましょう。

二人の完全な関係――本当の愛情関係とは双方向的なものである

自分が男女関係に何を求めているか、正確にわかっている人はほとんどいません。その上、相手に何を与えたいかわかっている人はさらに少ないものです。「二人の完全な関係」とは、自分とパートナーの求めるものをともに満たし合えるということです。

愛情関係は、自分の世界をもちながら外部にも働きかける細胞と似ています。細胞とからだ、からだとまわりの環境との間にさまざまな相互作用があり、しかもこれらは同時に起こっています。

相手を一人の人間として尊重する

人間は物ではありません。女性がメディアなどでいかに商品や飾り物のように扱われてきたかについては皆知っていることですが、男性もまた愛情関係において、女性の欲求の「対象」としてみなされ、必ずしも一人の個人として尊重されてはきませんでした。これについてはあまり注目されていません。

アメリカでは既婚者の半分が離婚している事実を考えると、事態は深刻です。多くの誘惑や心乱される出来事にも負けない関係になるには、おたがいが人として幸せになれる関係を築かなくてはなりません。愛情関係にある二人にとって、この点は動かしがたい約束事になります。それには二人の取り組みが大切になりますが、多くのカップルがそれを忘れています。

人は、自分の必要にせまられて動くものです。おたがいが必要とするものを満たし合うことができて、はじめて私たちは相手との関係を続けていきたいと思うのです。末長く続く愛情関係を望むなら、二人の関係だけでなく、個人としての自分も成長し持続していくようにしなければなりません。

理想は、一個人としての自分を大切にし、同時に夫婦や家族の結びつきをより強めることです。（これについては第12章でくわしくお話しします。）

おたがいが相手のためにつくすようにすると、個人としての力はかえって強まり、二人の関係は確かなものになります。本当の信頼とコミュニケーションがあり、たがいに共鳴できる男女関係においては、失業、病気、感情的な危機に見舞われても、かえってそこから新しい能力や資質が現われてきます。

しかし過労や重い負担から別れるカップルもいますし、不健康なかたちでおたがいに自己犠牲を強いるようになるカップルもいます。そうなってしまったら、二人の関係に変化を起こすか、さもなくば別れる決断が必要です。

直観力によって得られる自信や自覚はあなたのパーソナル・パワーを強め、相手との関係においてなんらかの決断に迫られた時、きっと役立つでしょう。

★ 変わることのない確かな愛の指針 ★

人生で本当の喜びをいつも感じることができていれば、あなたは間違いはおかしません。この場合は、「相手と分かち合える喜び」です。あなたの場合、パートナーとどんなことを一緒にし、喜びを分かち合っていきたいですか？

愛の目標には、「パートナーに与えたいもの」も含めよう

先ほどの木のイメージを用いたエクササイズでは、あなたは自分のことを恋人としてもイメージしたことでしょう。時々、結果を見直して、相手との関係に自分が何をもたらさなくてはならないかを見つけましょう。木にはどんな果実がなっていましたか？　どんな恋人の木をイメージしましたか？

相手はまず、あなたの愛に反応します。あなたは恋人にそばにいてほしいと思ったり、こんな人になってほしいと思うでしょうが、相手はあなたからの愛を感じて、はじめてあなたに何かしてあげたいと思うようになってくれるのです。

大事なのは、「自分が現在相手に与えることのできるもの」と「与えたいもの」(与えるべきもの)とを区別することです。この二つは、じつはまったく別のものなのです。

たとえば、私は何かを企画し段取りをつけるのが得意ですが、こうした能力をパートナーとの関係で発揮したいとは思いません。自分が相手に与えるべきものは何なのかに気づきましょう。

ワークショップで、愛情関係に何を求めているかを尋ねると、参加者は「自分の創造力を活かして、相手の人生を高めてあげられるような関係を望みます」とか、「親密な関係になり、いたわり合える家族をつくりたいと思っています」などと語ります。しかしその同じ人たちがいったん実際の男女関係を経験すると、「相手の面倒をみすぎて、疲れはててしまいました」とか「経済的に家を支えてきたけど、自分は心の安らぎがほしいのです」などと言うのです。

自分が恋人やパートナーに与えたいものが何かを知るには、これまでの恋や男女関係についてふり返ってみるといいでしょう。

＊自分が相手にしてあげたことの中で、どんなことで喜びが感じられましたか？

＊躊躇《ちゅうちょ》せずにできたことは何ですか？

＊逆に、自分の意に反して行なったことは何ですか？

先の木のイメージを用いたエクササイズ9の結果とあわせてみていけば、完全なパートナーシップを築くために、自分が何を相手に与えるべきかがわかるでしょう。

恋人の望みを知る

あなたが恋人に何をしてあげたいか、何ができるかが、これでわかってきたことと思います。次は、相手のほうがあなたや二人の愛情関係にたいして望んでいるものを知りましょう。事実、愛情関係は二人の求めるものを明確にし、満足を与え合うことで成り立つのですから。

恋人の希望をどうやって知ればいいのでしょうか？　直接聞ければいいのですが、彼自身もよくわかっていない場合がよくあります。もちろん、直接希望を言ってもらうことは重要です。

恋人がいない人の場合は、これはもっと難しいことでしょう。未来の恋人が何を望むか、自分で判断しなくてはなりませんから。しかしあなたに今恋人がいてもいなくても、直観力は貴重な情報をもたらしてくれます。Ｉモード（相手の存在になりきること）を活用しましょう。相手の思考《しこう》、気持ち、記憶そして五感を通して、まわりの世界を経験してみるのです。

相手と自分の望みの違いを克服する

しかし二人の間に違いがあるのは当然であり、相手にしてあげたいことと、相手の望むことが一致するほうがむしろ特別な例でしょう。自分の希望が見えてくると、二人の間の問題も見えてきます。二人で進んでそれらの問題に対処する気持ちがあるなら、関係は深まります。これは後半の第11章と第12章でとり上げます。あなたに恋人がいなければ、これはさしせまった問題ではありませんが、すでにあなたの直観力は、未来の関係についてあなたに何かを語りかけてきているかもしれません。

恋人がいる場合のゴールセッティングの課題

本書ではこれまで、おもに恋人がいない人のために話してきましたが、実際に恋人がいる人の状況というのはかなり複雑なものです。

あなたにすでに恋人がいる場合、自分は何を求めているのかを考えていくうち、そのプロセスをつうじて二人の問題に気づくかもしれません。たとえばあなたがセラピーを受けたりワークを始めたりして、内面が変わりはじめると(たいていは少しずつ自分を信じはじめます)、まわりとトラブルが生じることもあります。しかしあなたはその新しい自覚に合わせて、愛情関係を発展させなくてはいけません。

恋人がいる人のここでの最大の課題は、パートナーを変えたり相手をコントロールすることなしに達成できる目標を設定することです。二人の愛情関係が危機に直面した時こそ、重要です。相手に無理強いしようとすれば、けっきょくは自分に無理強いすることになります。集中力、創造性、そしてエネルギーが欠乏して、意義ある人生への方向づけが失われ、目標からそれてしまいます。

愛に何を望んでいるのかが自分でわかれば、今の相手との関係を見直せます。怒ったり失望したりして問題に対処すれば、関係を壊してしまいかねません。何か得るものがあるからこそ今の相手と一緒にいるのだということを忘れてはいけません。相手につくしているのはどちらか一方だけということはまれです。今の関係には足りないところがあるということを否定したり無視したりせず、受け入れ、建設的に取り組んでいくことは可能なはずです。

あなたが現在の関係から得ている恵み(プラスの面)と、あなた自身の目標との双方に注目しましょう。そうすれば、障害にぶつかることはあっても二人の関係をより満足できるものに変えていけるでしょうし、あるいは新しい関係を見つけるチャンスにも出会えるでしょう。

二人が同じ希望を抱いていても、違ったかたちでその希望や満足度を表現することはよくあります。愛とは「面倒を見ること」だとか、一家の主として扱われることで愛されていると感じたり満足するパートナーもいます。また一方、愛とはおたがいのもつ能力や持ち物と同様に責任も分かち合うものだと信じ、相手につくして感謝されることで愛されていると感じる人もいるかもしれません。二人のコミュニケーションをしっかりととりましょう。そうしなければ、二人の関係は理解不足から破滅へと向かいかねません。

二人が同調できる部分というのは、相違点とちがって見落としがちです。大切なのは、おたがい助け合いたいという願いや、二人で一組という概念を双方がもっていることです。「一家の主として扱われたい」のは、必ずしも相手を見下したいのではありません。相手の考え方がわかれば、同調できる部分は見つかります。少し見方を変えれば、「面倒を見てやること」をもっと違ったかたちで表現したり、「分かち合い」の形にもいろいろあるということを学べるでしょう。

今は、心配しないでください。あなたの今の相手が完璧な理想のパートナーの条件を満たしていなくても、別れる必要はありません。

しかし、現在の二人の関係が自分の望みとどういう点で違うのかを考えることは重要です。いったん問題が明らかになれば、それらが本当に大切なことかどうか、あるいはこの問題で妥協したくない場合、パートナーが喜んでこれからの変化を受け入れてくれるかがわかってきます。

地に足をつける

あなたの愛の目標がはっきりし、実現のために必要なこともわかってきました。しかし理想の関係を想像だけに終わらせてはいけません。そうならないために、次章ではあなたの目標を現実のものとするために一歩を踏み出しましょう。

《エクササイズ9のたね明かし》

先ほどの、木のイメージのエクササイズでの、本当の質問は次のようなものでした。

●質問1・「**愛の目標を達成できたあなたは、いったいどんな人間になっていますか?**」
●質問2・「**目標を達成した時、あなたのそばにいる恋人はどんな人間ですか?**」

チェックリスト

- 私は毎日の生活に、喜びと愛を感じる状態をつくり出します。
- 私は、自分とまわりの人々についての直観的な情報を受けとり、また自分にふさわしい愛のメッセージをテレパシーで伝える方法を知っています。
- **私は自分が愛に求めているもの、また相手に与えてあげたいものを知っています。**

第5章 愛の目標を具体的に描く——幻想から現実へ

新しい愛の現実をつくり出す

自分が探していたものが何かがわかったとき私たちは、それらがみな自分のまわりにあったのを知って驚いたりします。新しい流行語をおぼえたとき、それが自分が読んでいた本や新聞の中にすでに何度も出ていたのに気づいたということはありませんか? 意味がわからなかったから、それまで気づかなかっただけです。誰かを紹介されて、じつはその人にこれまで何度もすれちがったり出くわしたりしていたという経験もあるでしょう。

男女関係で自分が求めていたものが何なのかがわかると、それは決して遠い目標ではないことにあなたは気づくかもしれません。これは完璧な恋人が明日あなたの前に現われるということではありませんが(もちろんまったくないとは言いません)、「あなたが求めているものの中には、自分がもうすでに手に入れていたものもある」ということは心にとどめておいてください。とくに、現在恋人がいる人にはこれが起きがちです。

あなたの意識にも無意識にも、あなたの愛の目標をはっきり映し出すためには次の四つのステップが大切です。

1・自分の目標を書きとめる。
2・愛の目標の「シンボル」になるものを決める。
3・少なくとも誰か一人の他者に、その目標を話す。
4・毎日、目標を確認する。

では、それぞれのステップについて説明しましょう。

1・愛の目標を書きとめる

自分が愛情関係に何を求めているかわかれば、それをくわしく、細部にいたるまで書けるはずです。書きとめることで、あなたの目標はリアルで鮮明になります。大切なのは、その目標がすでに実現したかのように、現在形で書くことです。

たとえば、「この淋しさから抜け出したい」と書くと、あなたのエネルギーはその心の痛みに集中してしまいますし、「完璧な相手と結婚したい」なら、恋人探しのみにエネルギーを費やしてしまいます。

そうではなく、たとえば「私は、喜びにあふれた人生を一緒に歩いていける相手と、情熱的な恋をしています。」と書くべきです。すでに実現しているかのように目標を文章化すれば、実現した状態（あなたのゴール）に、エネルギーが集中しはじめます。

私が友だちと一緒に考えた例をいくつか紹介しましょう。

＊私の恋人は生きがいある仕事をもった男性で、私たちは喜びも情熱も分かち合い、愛し合っています。おたがいの人生、そして二人の人生をすばらしいものにするため、ともに努力をしています。

＊私の夫は、私の親友です。二人のかわいい子供たちと、すてきな家に住んでいます。彼のおかげで、私は仕事に出たりせず、子供たちと一緒にいられます。私たちは家族のことを一番に考えています。二人でこういう人生を歩めることが、はっきりわかっていました。一緒になれて、とても幸せです。

＊彼の私にたいする愛は、日増しに深まっています。安定と創造性にもとづいた、わくわくするような人生を一緒に築きます。二人とも自分の気持ちを正直に話し合い、おたがいの存在と、二人の関係をともに大切にしています。

＊私の夫は、魅力的で、喜びにあふれた愛情深い男性で、私を熱烈に愛してくれています。二人のかわいい子供たちは私の生きがいです。私にはとても大切な家族です。あの時の恋愛が、今の幸せな人生へつながったのです。

2・愛の目標の「シンボル」になるものを決める

シンボルを与えれば、目標はさらに具体的になります。文章よりも視覚に訴えるシンボルのほうが、あなたの無意識に強く作用します。ハートのマーク、赤いバラ、あるいはキューピッドのようなありきたりな(漠然とした)ものでなく、あなたの直観力に尋ねましょう。自分にとって特別で、目標を具体化でき、意識、無意識、そして直観に訴えるものがいちばんお勧めです。

次のエクササイズは、自分が望む人生のために必要なものを教えてくれるシンボルを、直観力によって見つけるためのものです。

●エクササイズ*10*・愛のシンボルを決める●

リラックスしたら、自分の愛の目標に心を集中します。それがすでに実現したかのように、現在形で書きましょう。昨日書いたものとは変わってくるかもしれませんが、それはそれでかまいません。

心の中に、あなたの愛の願望を表わすようなシンボルを思い浮かべていきましょう。いたずら書きのようなものでもけっこうですから、なるべく単純なシンボルにしていきます。これだというシンボルが決まるまで、直観的に思い浮かんだものを日記に描いていきましょう。

シンボルが決まれば、無意識の心理はあなたの目標を記憶しつづけ、直観力はその方向にそって働くようになります。

【さまざまな例】

＊私の心に浮かんだシンボルは、ありきたりのハートのマークでした。どこでも毎日そのシンボルが心に浮かび、そのつど自分の目標を思い出しました。やがてシンボルはハートから、家族とその成長を連想させる〝どんぐり〟に変わり、そのどんぐりは木に成長し、今では新しいどんぐりを実らせています。シンボルが変わっていくうちに、私は、自分の愛の目標は家庭を築くことなんだと理解していきました。変化しつづける目標をいつも追っていく努力が大切だと思いました。

＊私（男性）のシンボルは、自分の手にそえられた女性の手でした。何度かこのシンボルを思い浮かべるうちに、誰かと握手をする時（挨拶や同意を示す場合）は、右手と右手で握手をしますが、そのシンボルはいつも左手と右手とが握手しているのに気づきました。

　つないだ二本の手は、対等な（あるいはたがいに補い合う）人間どうしの結びつきと支え合いを表わしているのだと思います。

＊私はシンボルを思い浮かべるというよりも、それを感じていました。視覚よりもからだの感覚がするどいタイプの人間だからでしょう。豊饒《ほうじょう》を表わすギリシア神話の牧神の角が私のシンボルでした。その絵のさまざまなバージョンを日記に描いてきましたが、それらを見るたびに、自分の

愛の目標を感じます。

＊私のシンボルは、つながった二つの輪です。このエクササイズが終わってから、偶然出会ったカップルの指輪に注目するようになりました。はじめの二日間はとても淋しい思いをしましたが、私の名前をこの二つの輪の一つに刻んでからは、これが自分のシンボルだと感じました。

シンボルが決まると、どんな瞬間にも自分の目標を思い出せるようになります。目標が変わるとシンボルも変わってくるので、このエクササイズをくりかえしましょう。

3・少なくとも誰か一人の他者に、その目標を話す

愛の目標の実現のためには、自分の目標を、誰か信頼できる一人の人に話しましょう。一度話してしまえば十分で、あとで自分が目標を変更したこと(ほぼ確実に変わるでしょう)をいちいち報告する必要はありません。

誰かに話せば、目標は達成させなければと感じてくるはずです。さらに、話した相手が協力してくれるかもしれません。誰も知らなければ、あなたをどうやって助けたらいいか、もちろん誰にもわかりません。誰かれかまわず打ち明ける必要はありませんが、人に打ち明けてもいい部分はあるでしょうし、打ち明けたら協力してくれそうな人もいるはずです。

私が愛のある人生を送ろうと最初に決意したとき、パーティーには呼んでほしいとまわりに知らせました。すると皆、今まで私を呼んでも忙しいから、きっと来ないだろうと思っていたというのです。

そこでやさしい友人がパーティーを開いて私を招き、私と気の合いそうな知人の男性をみな招待してくれました。

4・毎日、目標を確認する

これから毎日、ちょっとした方法でけっこうですから、目標を確認しましょう。日記にあなたの愛のシンボルをいたずら描きしたり、目標をいつも書き写すだけでもかまいません。

定期的に自分の愛のゴールを見直し、自分にはっきり宣言できるようなものにしましょう。そうすれば、目標達成に役立たない思いこみ、価値観、期待、行動そしてライフスタイルを見きわめられるようになります。エクササイズ同様、目標の見直しも習慣にしていけば効果が期待できます。

目標設定にあたっては、「どうしてもゆずれない線」を見きわめる

あなたにふさわしい相手は、この世界でたった一人というわけではないでしょう。しかし自分の理想の相手がどんな人かがはっきりわからなければ、どのように目標をしぼり込むべきか(どこで現実的に妥協すべきか)がわからなくなります。あなたの愛の目標の絶対にゆずれない部分と、そうでない部分をはっきりさせることが肝心です。

理想の愛情関係に望むものをリストアップしてみると、矛盾する(互いにばらばらの)部分があるかもしれません。たとえば、「仕事のできるエリート男性に、いつもそばにいてほしい」という願いは矛

盾しています。それに気づきましょう。

もうかなり前のことですが、治療プロセスの効果を高めるため、たがいにタッチセラピーを行なう治療グループに参加していました。時々、参加者の中に「私は病気を七つも患っていますが、これは本当に治りそうですね」という人がいました。

そうした人は、人間のからだが一つの全体だったことに気づいたのです。からだのあらゆる部分はたがいに影響し合っているので、たとえば歯の治療をすれば、肌も美しくなります。

これは、愛情関係にもあてはまります。あなたが人生のある面で変化を起こそうとすれば、それは人生の他の部分にも影響します。たとえば、恋人ができれば他の人と過ごす時間が少なくなるのはやむをえません。これが、目標達成と現実面との相互関係です。

目標の変化を予想して、いつも見直す

私がこれまで話してきたことは、あなたの当面の愛の目標です。それが修正される可能性は大いにあります。文章を書くのに似て、原稿を書いてから編集し修正を加えると、本当に言いたかったことがはっきりするようなものです。

本書のエクササイズをつうじて、あなたは本当の自分が、そして本当の希望がだんだんわかってきて、愛の目標も変わっていくでしょう。

それが、目標を意識的に設定する理由です。たとえばあなたが自分の今の愛情関係を深めるために

この本を選んだとします。やがてあなたの目標は達成されるでしょうが、本当はあなたは、新しい愛情関係を望んでいたのだということがわかるかもしれません。その場合はその新たな目標のために、この本を用いればいいのです。あるいは、最初の目標は今の相手と別れることだったとしても、今の関係を変えずに愛を深める方法を見つけられるかもしれません。

早くパートナーがほしいと思っていたけれど、愛を経験しいろいろな男性と愛し合えるようになるには、まず魅力的な自分になること、そのための時間が必要だと知る人もいるかもしれません。ですから、自分がまわりに発するメッセージが自分の求めるものをきちんと伝えているか、日々、愛の目標を見直しましょう。たとえば、友だち意識を大切にするという愛の目標からスタートしても、自分がもっていた友情や人生の楽しみを再発見するうちに、恋人にはやはり仲間意識よりもロマンスを求めるようになるかもしれません。

あるいは、「自分の面倒をみんな見てくれる恋人」があなたの最初の理想かもしれません。しかしエクササイズを通して自分自身をもっとよく知れば、自分が真に求めていたのは、自分を信頼してくれ、自分自身の力を引き出してくれる相手なのだとわかってきたりします。

以上のように、自分の本当に求めるものを知ろうとする気持ちと、目標を修正していく柔軟さは、愛を求める旅には欠かせないものです。例をいくつかご紹介しましょう。

＊自分には魅力があると思いますが、長い間、人が近寄りがたいような雰囲気をつくってきました。私の直観力は、それにたいする劣等感やプレッシャーを取り除く必要がある、恋人探しにあまり

に必死になってはいけないと知らせてくれました。そうすれば、もともとの内気さを克服でき、未来のパートナーにも近づきやすくなります。そのためには、今の人生のよい面を考え、今の自分のあるがままに満足できるようにならなくてはなりません。

＊ぼくの愛の目標は、一緒にいると落ち着ける、そしておたがい退屈することがないような女性と家庭を築くことです。ぼくはいつも、あまり中味のないタイプの女性に好かれてしまうようです。そうなるのも、自分に責任があるみたいです。

これまでぼくは女性を惹きつけるための手として、かわいらしさの残る少年のようにふるまっていましたが、家族と一緒の時はありのままの自分、ひょうきんで知的で純粋な、家族に愛される人間でいられました。誰かの恋人になったとしても、これが私のあるべき姿なので、理想どおりの女性に出会えれば、きっと本来の自分のままでいられるでしょう。

＊私の最初の目標は、愛と安らぎを感じることでした。現在の愛の目標にもこの二つの要素はありますが、これからは、自分が求めるものを白馬に乗った王子様に魔法のように与えてもらうのでなく、愛と安らぎのある人生を一緒に築いていける相手を見つけることをめざします。相手によりかかるだけの関係では、決して真の安らぎを感じることはできないと気づきました。

＊最初の目標は、よい夫になってくれそうな男性を見つけることでした。でも何度か目標を修正してから、自分が望む「よい夫」の意味が自分でまったくわかっていなかったことに気づきました。理想の男性に出会っていながら、気づかないで通りすぎていたのかもしれませんね。

私は仕事のほうでは成功しているので、今、自分に必要な夫とは、一緒にいて楽しい人、家庭を築く責任を一緒に分担してくれる、夫婦として同じ目標に向かってくれる男性です。

＊つらい数年を過ごしていた時、私は愛のプログラムを始めました。もうこれ以上、ひとりで過ごさなくていいように、そばにいてくれる人を求めていました。すぐに数人の求婚者が現われ、正直、いい気分になりました。

しかし今度は、これが最後のチャンスかもしれないと思いながらも、片っぱしから出会いを試していくことはしませんでした。目標を修正し、生活の変化を楽しみながら目標に向かいつづけたところ、ようやく探していた男性に出会いました。彼は面白くて知的な人で、私にたいしても同じように感じてくれています。

私たちはゆっくり歩みを進めています。また、彼と出会って、新たな愛の目標がいくつか達成されました。たとえば、どこにいても彼は興味の対象を見つけてくるので、その点で私の生活を広げ、補ってくれます。また私がうっかり屋なので彼がしっかり導いてくれますが、私はこのような関係に満足しています。

一方、彼が子供のころには味わえなかった安らぎのある居場所をつくることにかけては、私は自信があります。彼は友人たちを招いての夕食を、とても楽しみにしてくれます。

＊最初の愛の目標設定では、かなり細かい部分まで未来の夫のことを想像しました。それから二週間ほどして、その条件をいくつか満たす男性が何人かそばにいることに気づきました。男性に望んでいた条件は、知らない間に少なくなりはじめていました。

最初、「仕事のできるエリート男性」を望んでいたところ、マークに出会いました。ところが、最初のデートの約束を深夜の会議のためにキャンセルされました！　これは、目標を描いていた時には想像もしないことでした。今の私の目標は、心が通い合う相手、ソウルメイトに出会うことです。

＊ぼくの最初の目標は、押さえられない情熱をただ書き連ねただけのものでした。でも木のエクササイズ（八三ページ）をやってみて、仕事の支えとなり、自分の人生、友人そして趣味をともにしてくれる女性と一緒になることがどれほど大切かわかりました。情熱もぼくにとって必要ですが、自分自身の人生の楽しみを犠牲にすることなく、ぼくと生活することができる、親友のような女性が必要です。これはティーンエイジャーの激しい情熱とは違います。

＊私の理想は、自分と二人の子供たちを養ってくれる父親のような男性でした。でも木のエクササイズをやってみたあと、すでに私自身が父親の役割を果たしていたことに気づきました。自分にとって本当に必要なものを深く考えたことがなかったと思いました。二本の木の関係は、深い愛、情熱、そして相手との深いかかわり合いから成り立っていました。もう一度、自分の愛の目標を考え直してみようと思います。

＊美しくて知的で、家事も得意な完璧な女性が、自分を夫として、それに男性として尊敬してくれるという夢を思い描いていました。木のエクササイズでは、相手の木は自分に安らぎを与えてくれましたが、それは最初に自分が求めていた条件にはなかった要素でした。

　これにあてはまる女性が自分に関心を寄せているらしいことを思い出しました。同じ職場に勤めていますが、自分の相手としてはキャリアウーマンを望んでいなかったので、彼女とつき合おうとは考えていなかったのです。

木のエクササイズでは、おたがい似たものどうしで仲よく暮らしている二本の木をイメージしました。庭の中で根を張るために同じ広さの地面を確保しながらも、枯れずに二本とも生き生きしていました。今度、彼女をデートに誘ってみようと思います。

★復習――愛のゴールを見直し、修正していこう★

自分自身について理解を深め、愛情関係に何を期待するか(そして相手に何を与えたいか)がわかれば、目標もそれにそって変わります。本書のエクササイズを重ねていくなら、必ず変わっていくでしょう。日記を使って、愛の目標を修正していきましょう。

すでに起こった事実のように、現在形で書くことを忘れずに。あまり長い時間をかけずに、ほんの数分ですませましょう。定期的な見直しは週に一度、そのうち一月に一度、最終的には数ヵ月ごとで十分になります。

つねに自分の目標をより正確なものにしていきましょう。恋人がいればなおさらです。そうすれば愛情関係を深めるのに何が必要かも、もっとはっきりわかってくるはずです。

明確な目標は、実現する力を生む

目標がとりとめもない想像から、現実味のあるはっきりしたものになれば、あなた自身やあなたのまわりを変化させていく、大きなエネルギーがわいてきます。その力は目標実現のために、あなたやまわりの環境を変えはじめます。これまでとは違う人間関係が始まります。

変化はたとえば、ちょっとした言葉の選び方、身ぶり、ふるまいに表われます。自己表現のしかたや人とのつき合い方が変わり、「これが私の望んでいることです」というメッセージをまわりに発しはじめます。

目標が改めてはっきりしたことにあなたが気づかなくても、まわりはあなたの変化に気づきます。もちろん、自分の探しているものが何かはっきり理解しているなら(前にも述べたように、最初の目標は数週間のうちに変わりはじめます)回り道せずに直接、目標をめざせるでしょう。

恋人がいない人は、いろいろと自分に協力してくれる人に出会えることでしょう。また現在愛情関係にある人ならば、自分が何を必要としているかを上手に伝えられるようになります。

目標達成のためには、あなたはこの宇宙に自分の目標を知らせてあげなくてはなりません。

「私は、恋をする準備ができています。私の願いは○○で、私が相手にしてあげたいことは○○です」と伝えるのです。

意識と方向性をもって目標に向かうと、あなたはあらゆる種類の人間関係にめぐまれるようになります。そしていつか、「これこそ私の求めていた愛情関係です」と言えるようになるでしょう。

女性として、私はたくさんの魅力的な男性に出会ってきました。しかしいつでも、自分のもとにどんな人を招きよせるかは、意識して選ぶようにしてきました。すでに恋人がいる人なら、「友だちとしりましょう。

てならおつき合いしましょう」というメッセージを、テレパシーを使って他の男性に送れるようにな

気をつけよう――目標がはっきりすると、隠れていた問題が見えてくる

相手との関係に何を求めているか知り、行動に移し、それを見つけるという単純なプロセスに入っていければいいのですが、それまではたんなる想像だけだったあなたの夢に実現の可能性がでてきたとき、私たちの隠れていた感情や問題が浮かび上がってくる場合があります。

人生に愛がないとき、私たちは、完璧な恋人がいたらどんなにすばらしいだろうといった夢を見がちです。そしてただ夢見るだけだと、その恋人にたいする実際の自分の反応のことを見落としやすくなります。現実にそんなすばらしい相手に出会っても、心に隠れていた不安と嫉妬心から、せっかくの愛情関係を壊してしまうことだってありうるのです。

たとえば、知的で仕事のできるエリート男性から愛されたいと願う女性が、理想の男性とじっさいに恋におちたとします。彼女はある日突然、「彼はこんなに素敵なのに、どうして他の女性は放っておくのかしら？　もし彼に去られたら、私はどうなってしまうだろう？」と考え、今まで感じていなかった不安をおぼえはじめます。気づかないうちに彼女は、始まったばかりの愛情関係を自分から壊しはじめているのです。

このように、あなたが最初にたてた目標はしばしば、自分が大きく変わるか、目標の考え直しを迫

るような種々の問題を浮かび上がらせてくるのです。しかし幸いにも、後になってから困らないように、今、この問題に取り組めます。このテーマは後にまたくわしくとり上げますが、私のワークショップの参加者がこうした危険な時期にどう遭遇したか、四つの実例をご紹介しましょう。

【例1】

愛のプログラムを始めた時には、自分のすべてを受け入れてくれる女性が理想でした。目標をたててから二週間後、一人の女性に出会い、恋におちました。最初から彼女にいいところを見せようとせず、自分の欠点も隠さずありのままの自分で接しました。イボさえ見せたのですが、彼女は笑って、そんなにひどくはないですよとやさしく言ってくれました。

今となってみれば、ほんの数ヵ月しかたってないのに、私のすべてを、欠点までも彼女に受け入れてほしいと求めるなんて、間違っていました。たとえば約束を忘れてしまっても、自分の欠点だから仕方ないと言い張って彼女にそんな面までも受け入れることを求めたり、まったく思いやりのない人間でした。

彼女は長い間、我慢してくれたのですが、出会ったころの彼女にたいする愛情はだんだん薄れ、自分の言いなりになる相手として、彼女につらくあたったりしました。

ある日、彼女はもうたくさんと言って、去って行きました。それまで自分がしたことを考えれば、当然の結末でした。心から彼女を恋しく思い、この愛情関係を壊したのは自分だとすぐに気づきました。彼女は確かに私を受け入れてくれたと思いますが、その私は本当の自分ではない、欠点だけになる前に私の行き過ぎを正してくれるような、自分の価値観をもった女性を求めています。

【例2】

フランクは前の恋人とは違う、彼によりかからない自立した女性を求めていました。そして彼は仕事のできるキャリアウーマンと恋におちたのですが、ある日突然、彼女があまりに精神的に自立し過ぎている女性だということに気づきました。彼はそのとき初めて、自分は女性に頼られたいと思っていたことを自覚し、彼女がもう少し自分を必要としてくれたら、と思いました。彼は前の恋人が懐かしく思えると友人に漏らしました。

【例3】

ジェーンはプライベートでも仕事でも問題のあった恋人と、つらい時期を過ごしていました。今にも壊れそうな関係をかろうじて続けていた彼女の愛の目標は、穏やかな生活を一緒に送れる相手を見つけることでした。

愛のエクササイズを始めて一ヵ月後、彼女はトムという目標どおりの理想の男性に出会いました。彼は心から自分を愛してくれる、頼もしい男性でした。しばらくの間、彼女はトムとの安定した愛情関係に満足していましたが、いつのまにか、前の恋人にとてもよく似た男性に惹かれはじめました。トムとの愛情関係には何か足りないものがあると、ジェーンは友人にこぼしました。幸い、彼女は問題が大きくなる前に気づきました。前の恋での傷を、まだ完全に解決していなかったのです。

【例4】

ポーラは赤ん坊のころに養子に出されました。それが原因で、いつか自分は捨てられるという恐怖から逃れることができませんでした。ジェイムズと恋におちた時、その言葉と行動から、彼の愛は真剣なものだとわかりました。彼はポーラと一緒に暮らして家庭を築きたいとよく話していました。

しかしそれからポーラは太りはじめ、一緒に暮らして一年後には、体重は十数キロも増えていました。ジェイムズは彼女の健康を心配しながらも、彼女への愛は変わりませんでした。むしろそれどころか、より献身的になったのです。

ところが突然、ポーラが子供はほしくないと言い出しました。その言葉はジェイムズを傷つけましたが、それでもやはり彼はポーラとの関係を続け、問題を一緒に乗り越えていこうと決心をしたのでした。

◆

一つの目標を達成することはたんなる通過点であり、最終的な成果を出すために必要なパーツを集めることにすぎません。目標を掲げたときから、この旅はすでに始まっていたのです。

目標がまだ達成されていなくても、あなたはもう旅の途上にいます。次のステップでは理想の愛を導き入れるための心のスペースをつくっていき、人生のパターンを変えましょう。そこには理想の愛を見つけるあなたの能力を妨げる、思考、感情、記憶そして信念を再検討するといった内面的なワークも含まれます。

チェックリスト

- 私は毎日の生活に、喜びと愛を感じる状態をつくり出します。
- 私は、自分とまわりの人々についての直観的な情報を受けとり、また自分にふさわしい愛のメッセージをテレパシーで伝える方法を知っています。
- 私は自分が愛に求めているもの、また相手に与えてあげたいものを知っています。
- **私は愛の目標の再確認のため、毎日、積極的に歩みを進めています。**

Practical Intuition™ in LOVE

ステップ 3

愛を導き入れる
心のスペースをつくる　*Clearing the Field*

第6章

人生の中に、愛を受け入れる心のスペースをつくっていく

過去のしがらみからは自由ですか？

インドには、猿を捕獲するのに巧妙でユーモラスなやり方があります。まず、ビンにアメ玉をいれ、ビンをひもでくくって低木かなにかにくくりつけて獲物を待ちます。

まもなく、何も知らない猿はビンの中のアメ玉を見つけるや、手をビンの口に突っ込んで無理にも取ろうとします。あいにく、アメ玉を握りしめたその手がビンから抜けなくなったところへ、狩人が戻って猿を捕まえるという具合です。猿はアメ玉を絶対手放そうとしないために、罠にかかるのです。

このやり方は猿だけでなく、私たちの行動パターンにもあてはまります。たとえば、執着する対象、思い出、古い関係性（たとえ相手に傷つけられた体験でも）にしばられて、身動きできなくなり、何も新しいことを受け入れられなくなるのです。

ビジネス・プランナーは、いったん人材が目下の投資活動に拘束されることで失われる機会を換算

して、予測されるプロジェクトの「機会効率」というものを試算します。私たちはあまりにも、失われつつあるものに縛られて自分の心の力を浪費しがちです。

この章では、過去と和解して自由になることによって、望ましい男女関係を迎え入れる心の余裕《スペース》をつくることに焦点をあてます。古いしがらみと別れを告げ、新しい愛を両手で迎え入れましょう。

過去の関係から自分を解放する

以前の関係が終わった後、何年もそれを感情的にひきずることがあります。そこから自由になるために必要なのは、自分はそのパートナーとどんな関係にあったのか、そして相手があなたの自己イメージをどう変えたのかをふり返ることです。最後に恋をしたのはいつだったか思いだしてみましょう。今の気持ちとどこが違っていましたか？　その時のあなたは、どんなあなたでしたか？　そして恋が終わった時、あなたの心はどんな状態になったでしょう？

愛の終わりに、私たちは相手のことや、二人の関係をふり返り、その失ったものを悲しみます。二人の関係がもたらした心の高揚、胸をおどらせた夢や、その愛があなたの自分にたいする価値観をどんなに高めたかを思い出し、懐かしんだりします。

たとえば、以前の相手によって、あなたが自分のことを美しい、セクシーな女性(あるいはハンサムな男性)だと感じるようになったとします。その感じや自己イメージは、愛情関係が終わった後も、あなたの一部として残ります。一つの愛を通して目覚めた心の部分は、(よくない面をも含めて)自分のものになります。過去から解放されるというのは、その部分を今後も自分で引き受けるという意思表示でもあります。

愛情関係が始まると、あなたがそれまでの人生で歩んできた方向は変わります。愛情関係によって、人生の中の（そして心の中の）光があたる部分と暗い部分は変わっていきます。

そして愛が終わると、あなたは長く忘れていた問題や感情にも直面することになります。それらは、あなたの愛情関係がおかしくなった原因でもあります。

愛が始まってからの自分はどんな生活をしていたのかをふり返ると、どんな問題が隠れていたのかを見直すきっかけになります。これは、自分の前進を助けてくれる何かをその愛情関係から学びとるということです。

「前進っていったって、いったい前の彼よりいい人をどうやって見つけられるというの？」と思うかもしれません。私たちは男女関係を、（前よりも）いい・悪いの二分法で考えがちです。でも今度は、今のあなたにとってよりよい愛情関係と出会うかもしれません。その時のあなたはもう、前回壊れた関係の時のあなたではないでしょう。変化を受け入れるなら、よりよい愛へと向かうチャンスが生まれてくるのです。

無意識の選択は問題をくりかえさせる——意識して進んでいこう

ただし、過去を手放したいと思うようになったあなたは、意識的にではなくしばしば無意識的（衝動的）に、自分を解放する方向に行動するかもしれません。

人はよくそんなふうに、危機にある愛情関係から外へ這《は》い出します。はじめは、通勤に今より長い時間がかかる仕事を見つけて、一緒にいる時間をへらしていきます。それから、新しい友人ができたり、今のパートナーとは別の活動を始めるという具合です。これは意識的な背任行為というよりは、無自覚の自己解放のプロセスなのです。二人そろって新しく会員になったヘルス・クラブで、どちらかが誰かと出会い、偶然恋におちたとします。二人の関係は終わるでしょう。

しかしこうしたやり方だと、その終わり方は自覚して意識的に選択した結果ではないだけに、新しい関係もまた同じようなパターンをたどり、また同じような終わり方をするでしょう。

前の関係を意識していきちんと終わらせなければ、また同じような問題が始まるのです。

「未完了の結末」を仕上げる

人生のある時点までに、私たちは多くの変化や喪失を経験します。その中にはきっと、「未完了の結末」もあるでしょう。これまでのことの成り行きをはっきりさせ、それらの問題と和解しないうちは、それらの「未完了の結末」はこれからの人生でも感情面での大きなスペースを占め、あなたの喜びを邪魔し、新しい人々や経験との出会いとのチャンスをしめ出してしまいます。

あなたが手放すべき喪失感や変化への抵抗とは、どんなものでしょうか？　とっくの昔に終わった愛情関係なのに、あい変わらず悲しんでいるあなたがいるかもしれません。今のあなたが希望どおりの仕事についており、プロとしての目標もクリアしているとしたら、たとえ今の自分よりもいとしいとしても、昔の自分とは訣別することが必要です。そしてあなたが受けた（そしてあなたが他人に行なった）侮辱や不等な扱いの記憶にも、別れを告げましょう。

過去を手放し、前進を続けるということは、自分や他人への非難をやめ、今の自分と将来への責任を自分で引き受けるということです。手放したものが何かをよく知り、学んだもの、手に入れたものを大事にするのです。

次のエクササイズにそって、あなたの過去の「未完了の問題」の整理を始めてください。一回きりにせず、おりにふれ何度でもくりかえすといいでしょう。

●エクササイズ *11*・家の大掃除をする●

まず、今のあなたの人生から取り除きたいものの一覧表をつくりましょう。人、問題、行動パターン、悪い習慣、そして実際の物品など。時間をかけてかまいません。

ほぼ完璧なリストができたら、実際に一項目ずつ手放していってください。そのさいどうしても捨てたくないもの――つらかった時期の思い出など――があれば、それらを表わす一つ一つのシンボルマークをつけ、そのマークのほうを捨てるか焼くかするとよいでしょう。

【例1】

このプログラムをやり終えるのに、二ヵ月かかりました。家にたまっていたガラクタは驚くべき量で、数ヵ月間チェックしなかった財布にも何やらいろんなものが一杯入っていました！　数年間開いたことのない本は、誰かにあげてしまうことにしました(もちろん、いちいち内容は見ましたが)。

次は、書類やメモ類でした。これらを処分していくうち、それまでの人生のさまざまな時期や、そのときの恋愛関係が心によみがえってきました。昔の交際相手からのラブレターや映画の券などはしっかり保管していましたし、贈られた花もドライフラワーにしておいたほどでした。結局はそれぞれ一、二品だけ残すことにしましたが、これは、すべてに執着しつづけなければいいと気づいたからです。ある男性とはとても気まずくなったため、彼とかかわりのあるものはすべて手放しました。

押入れを整理してみると、何年にもわたっていろんな人が置いていったガラクタが山ほど出てきました。何点かは電話をして返すことになったのですが、おかげで古い友情を確かめ合うことにもなりました。他はすべてごみ箱に直行です。もうちょっと考えてから捨てればよかったと、今になって思うのですが。クリスマスカードとは、一月一日にはもうさよならです(それまでは何年分もしまいこんでいたのです)！　冷蔵庫の中までも空にしました。

もっとも、今のボーイフレンドが使っている棚があるのですが、彼が捨てたくない書物や書類は当然ながら触れるのは禁じられています。

保管すべきものについて前より意識的になったことで、自分にとって本当に大事なことにいろいろと気づきました。

【例2】

この愛のプログラムを始めるにあたり、新しくて比較的広いアパートに引っ越し、多くのものを手放しました。「ワークは楽勝だわ」と思いました。それから、自分の人生にかかわる人たちを思い浮かべはじめ、最初の週の前半は、彼らにまつわる過去の思いやうらみを捨て去るワークを順調に進めました。同時に、周囲の人々とのつき合いでも、どうでもいいことはすっきり整理しました。

友人の一人に、話をするたびに言い合いになっては傷つけてしまう人がいます。彼女には、私はただあなたに自分の話を聞いてほしかっただけなのだ、そうしてくれたら二人の友情はこれからも大丈夫と伝えたのです。

【例3】

このエクササイズまで来ると、私はほとんど麻痺状態になってしまい、しばらく何も手につきませんでした。愛の目標について更新もしなければ、愛の日記の置き場所を忘れたりしました。

予期しなかったことですが、自分の人生から失われたものを思い、かなり長い間泣きつづけました。それから、不思議なことに突然、むかし私にとってとても大切だった人から電話がかかってきたのです。この男性とはたがいに深く愛し合っていたのですが、関係はなぜか終わったのです。私たちは会うことにして、コーヒーを飲みながら、あのとき二人に何が起こったのかを含め、すべてについて話してみたのです。

会う前には、おたがいに再発見があって、もとの関係に戻れるかもしれないといった期待を心にめぐらせていました。ですが、会ってみて、なぜ私たちの関係が終わったのか分かったのです。理由は――胸の痛むことですが――私自身の人生を続けるためでした。その後連絡はとり合ってきましたが、間もなく、いろいろと手放しはじめました。かつて大事な意味のあった事柄や人々や思い出に執着しているかぎり、自分の成長そのものが妨げられることがわかったのです。

【例4】

決して仕上りはしないとわかっているやりかけのこと――途中まで縫いあげたドレス、半分描いた絵といったものすべてを処分するのに苦労しました。そして、自分が中途半端な愛情関係を何度くりかえしてきたかに気づいた時、私はそれらを捨てることができました。人生の絵を、今度こそ完成させたいと思ったのです。

……検討すべきポイント……

たとえあなたに苦しみをもたらしたものでも、何かを手放すことの難しさがわかったことと思います。

さまざまなものを捨てていくうち、どんな問題が現われてきましたか？　すべてのものを処分できましたか？　手放せなかったものは何でしたか？　執着している自分を知って、驚いたりしましたか？

私のある生徒には最初、このエクササイズを逆の方向からするようお願いしました。自分の持ち物をすべて調べ、その中で大事な価値があるものを一つ一つ見ていくという具合に。その結果彼女は、すべてのものを処分したのでした！

十分に悲しみ、それを通りぬけるというプロセスは、なにも男女関係の終わりだけで起こるものではありません。ひとつの変化を悲しみ、それを通りぬければ、必ずあなたの人生の別の面で、新たに取り組むべきテーマが見つかるでしょう。

次に紹介するのは、過去の関係への執着から自由になるためのもう一つのエクササイズです。

●エクササイズ*12*・人生展望のエクササイズ――パート1●

あなたが失ってしまった大切な男女関係で、まだ完全に「解決」していないと思えるものについてのリストを、これからつくりましょう。もちろん以前の恋人を選んでいいわけですが、恋愛関係にはなかった人でもかまいません。このエクササイズは、記憶や直観力、知性や感情が一緒に働き、一つの見取図（マップ）のようなものを示しますので、１から6までを一回でまとめて行なうようおすすめします。

今までの男女関係からどれか一つを選び、次の質問に答えてください。


1・そのつき合いを始める直前のあなたの人生は、どうでしたか？

2・そのつき合いで、あなたの人生の目標の優先順位は変わりましたか？

3・そのつき合いを通して、あなた自身と、自分の人生にたいする感じ方に何かよい変化がありましたか？

4・その相手はどんな人でしたか？　その関係における彼の役割は、どんなものでしたか？

5・そして、あなたの役割はどんなものでしたか？

6・つき合いが終わった後のあなたは、どんな状態になりましたか？


一つ目の項目についてきちんと考えてから、次の項目に移ってください。

【ある人のケース】（数字は、エクササイズの質問の順番に対応しています）

1・彼とは多くの面で違いがあって、愛していながらも、最終的にはうまくいかなくなるとわかっていました。私は自分のことを、誰と一緒にもなれないし、どこにも根をおろせない人間だと感じていました。自分はいつも自分自身でありたいと望んでいましたが、どうやって自分のケアをしたらいいかわかりませんでしたし、私の中の別の部分は、そんなことには関心がありませんでした。

一方で私は愛の力を信じ、愛はすべてを乗り越えられると思っていました。自分はまわりの誰よりもダメな人間だと感じていて、その差をうめるには何かよほどすばらしいことに恵まれなくてはならないと思っていました。自分がどんな人間で、人生に何を望んでいるのかがわかっていませんでした。自分の容貌だって自信がありませんでした。

能力はいろいろありましたが、腹の底からの興味も、それらの能力をさらに磨いていこうという意欲ももっていませんでした。ただ、自分のためと、将来の相手のための家を持ちたいという夢はもっていました。

2・実際に現われた恋人とのつき合いを始めると、私の関心は相手の人生をなんとか幸せにし、ずっと自分のそばにいてくれるよう努めることに集中していきました。

3・一時はすばらしい気分になりましたが、それは彼によって自分の心が支えられたからではなく、自分は彼の世話をしてあげられるんだという思いからでした。心がはずんで、いろいろ楽しい思いをめぐらしました。

しばらくの間は、彼がどこに行こうとそこが自分の居場所だと思っていました。自分の容貌のことはもう気にならず、相手のためにすばらしい生活をつくっていけるという自信がもてました。自分ははじめて、本当の人間関係に入れたのだと思えるようになったのです。一時は自分がエレガントでかわいい女性に感じられ、あきあきするような日常など自分とは無関係のように思えました。

4・彼は裕福な家庭の出でしたが、悲しげで、行きづまった芸術家でした。彼の気持ちとしてはすでに私と結婚状態にいるように感じていたのでしょうが、どこかつかみ所がない謎めいた人でした。彼を本当に幸せにできるものは見あたらず、何もかもにいら立っていました。彼はどんなものからでも美を創造できました――レタスの葉、抽象的な色彩、家具。でもその一方で、彼自身が美の歓びを味わうことはまれでした。

5・私の役目は生活を楽しくし、二人がまわりの世界とつながっているようにすることでした。ですが、そのことを彼は十分評価してはくれませんでした。

6・私はやっぱりダメな人間で、彼とは次元が違っていたのだと思うようになりました。私には力もなく、誰からも守ってもらえず、やっぱり誰とも生きられないし、どこにもいられないという思いに再びおそわれました。

（彼女の解釈）

このエクササイズを通してわかったのは、パートナーだった彼と別れて、私は所属感を失ったことです。私はそれによって、まわりの世界との接点を保っていました。別れとともに、自分の中に引きこもっていましたが、再び周囲の人々との接点を取り戻す必要を感じています。自分でずっとくりかえしてきた問い――私とはどんな人間なのか、ここで今何をしているのか――が再びはっきり浮かび上がってきました。

私は自分自身の価値観から、自分のすばらしさを見直すつもりです。私は彼のように高尚な人ではないかもしれませんが、自分なりの美点をもっていると思います。今までの私は自分のすばらしい点とは逆の状態——つまりパートナーと一緒でなければ自分は何の価値もない人間なんだというような、力を失い混乱した状態でした。

おかしなことに、彼と別れて以来、何人かの素敵な人々の前でも徐々にいつものだらしない自分のままでいるようになりました。なのにかえって、彼らとの関係は深まり、尊重してもらえるようになったのです。

……検討すべきポイント……

つき合いが始まる前のあなたはどうだったか、また関係が終わった後は、自分のことをどんなふうに感じたか、そこに注目しましょう。

私たちは愛する人とのつき合いを始めたときに、ゴールをどこにおくか、問題は何かといったことに心を向けます。そしてつき合いが終わると、もう一度それらに向き合うことになります。同じ場所に立ち止まったままの人間はいないように、一つの関係を通して新しい自分について知ることはたくさんあります。

関係が終わると、「彼と一緒にいたのでこんな自分になれた」と思っていた自分のイメージもまた姿を消し、私たちは真空状態に置き去りにされたように感じます。そんな時、「彼と一緒だった時、自分にはパワーも夢もいっぱいあったのに」とか、「自分のことを誰からみてもかわいい女の子だと感じられたのに」「彼のおかげで自分が特別な存在だと思えてたのに」といった言葉を、よく心につぶやきます。

でも大事なのは、たとえ今はそう感じられなくとも、その時のすばらしいあなたは消え去らずに、ずっとあなたの本質としてそのままあるのだと気づくことです。別れた相手はただ、あなたのそうした面を際立たせていただけなのです。

●エクササイズ13・人生展望のエクササイズ——パート2●

親しい異性やパートナーとのつき合いの全体をふり返って、はじめて知った自分の良い点のリストをつくりなさい。そのさい、つき合いが始まる前にあなたがもっていた長所あるいは問題点と、二人の関係の中で新たに見いだした自分の長所や問題点とをくらべてみてください。

あなたの直観力に、以前のつき合いで抑圧されていた本来のあなたを取り戻していくための方法を、尋ねてごらんなさい。そこで出てきた答えが簡単なものでもかまいません。これまでの自分の人生を眺めわたし、「心の平和を得るには何をやり、何を知る必要があるだろう」と自分に聞き、とるべき行動やものの見方について、直観的情報を得ていきなさい。

【ある人のケース】

私は、自分がいま何をしているかを見つめ、これからの人生への取り越し苦労をしないようにしなければなりません。自分の人生がわからなくなった時、私がきまって行なうのは、今の自分の人生を文章にして書いてみることです。

……検討すべきポイント……

自分の長所をはっきり確かめ、困っていることや問題と意識的に取り組んでいけば、こだわり続けている昔の愛情関係に費やすエネルギーを、自分らしさと自分の人生を取り戻すことに向けられます。そのための有効な手段として、自分らしさを取り戻すことに役立ちそうなことのリストをつくるといいでしょう。たとえば――

*怒りや憤りにかられた時は、自分について好ましいと思う点を三つ思い返す。
*自分にとって大切な人々のリストをつくる。
*友だちとの行き来をする。
*自分の住みたい家はどんなふうか、間取りや構造までわかるように描いてみる。
*プロとしてめざす目標に向かって、日々少しずつでも努力する。
*愛の目標、人生の目標を設定する。
*芸術的な活動をする。音楽やダンスを習う、歌う、絵を描くなど。

引きずってきた感情を解き放つ

過去の愛への執着は、目に見えない鉄条網のようにあなたに絡《から》みついています。以前のパートナーへの怒り、非難、主張できなかったことへの恨み、否定的な気持ちはしばしば、ポジティブな感情よりずっと強いものです。

次のエクササイズはそうした心の縛りをゆるめ、過去の相手から今の自分に目を向け直すことで、新しい愛を招き入れるスペース(心の余裕)をつくり出すためのものです。関心の向きが変われば、あなたのエネルギーの流れも変わります。

● エクササイズ *14*・過去のパートナーへの執着を手放す ●

このエクササイズは、続けていきたい現在の愛情関係のケアにも役立つでしょう。時間は充分にとってください。他のエクササイズもそうですが、複数の人と行なってもいいでしょう。同じ人と一緒に行なってもかまいません。以下のいずれかの方法を試してみてください。

*相手の持ち物や、その人とのつながりを象徴するものを集める。
*相手の絵を描く。

＊相手の写真（あなたが一緒に写っていないもの）を一枚用意する。
＊紙に大きな文字で相手の名を書く。
＊相手の存在を表わせるような何かを自分でつくり出す。

これを彼の「イコン」（肖像）と呼ぶことにします。それを自分の前に置きなさい。自分とイコン、つまり自分と過去の相手との間の距離や空間《スペース》に意識を向けてみましょう。その距離や空間に何がつまっているのかを直観を働かせて探り、何か印象が得られたらそれをメモしておくか、テープレコーダーに吹き込みなさい。

二人の間にあいたスペースを、ありありと感じていきなさい。そして今度は、そのスペースを、たとえば森の中の空っぽの空間や空き地としてイメージしていきます。あなたの五感をすべて用いて、二人の間に広い空間が広がっていくようにします。空間が広がっていくとき、どんな感じがしてくるかに注意しなさい。

二人の間にスペースが開けていったとき、あなたの心がどんなことに向かうかを見てください。過去の相手との間にスペースをつくりたい時いつでも再現できるように、このプロセスに集中してください。

イコンは、目につきやすいところに置きましょう。それが目に入る時、いつでも相手とのスペースをつくり出せる状態に入れるようにします。自分とイコンとの間の距離やスペースが、それに目をやるたびに明確にきまってきたら、このことを愛のノートに書き込み、もうイコンを処分してしまいなさい。このエクササイズをやっていくにつれ、自分と、相手との関係がどう変わっていくかに注意していってください。

【ある男性のケース】

私の得た、二人の関係の印象。

かつての愛——若さと可能性の、黄金色のぬくもり。おたがいうまくやっていく方法がわからなくて、自分も彼女も落ち込んだ。私をわざと傷つけようとする彼女の行ないに激怒した。彼女の存在に自分がのみこまれそうな感じもしていた。彼女の不誠実に憤《いきどお》った。そして自分のおかした間違いと、何が大事な問題で何がどうでもいいかが分からず混乱していた自分に腹が立つ。静けさがほしいのに、相手はそれを邪魔する存在に思えていた。何年にもわたる彼女の非難や反対意見。なのに、いまだに彼女に愛を感じる自分にまた腹が立つ。

彼女にあげたいと思ったもの——私が受けたものへの感謝——を彼女にもう伝えられない悲しみ。その彼女に向かって「勝手にすればいい」とも「ありがとう」とも言えないほど、二人の間が気まずくなっていったことへの悲しみ。

〈彼の解釈〉

私は自分だけの人生にがっちり根を張りすぎていて、彼女の進みたい方向では何も努力はしていなかったと思う。だが、そんなことは聞きたくもないという自分の反発も感じる。自分自身の見直しをしなくても、まだこの状況を好転させられると思っていたいのだ。

ゆっくり深呼吸し、自分がまわりの世界から切り離されて、自分の中で安らいでいるのを感じる。彼女の写真をいつまでも眺めていたい。もし彼女と本当に別れたら、彼女は傷つき、私も悲しみにくれるに違いない。彼女のエネルギーに二人の間の空間を満たしていってほしいのだが、そんな情景は見えない。空間をうめていくのは私のエネルギーばかりなのだ。

心が痛んできたので、彼女の写真を見つめるかわりに、自分の感じた印象を記録することに集中する。さっき写真を見つめていたとき気づいた——自分はこの痛みを相手に訴えるのではなく、この痛みをもう終わらせて、それを自分の成長の糧にしていきたいと望んでいるのだと。しかし自分の中に閉じこもったままでは、それはできない。なにか、悲しみで打ちのめされたような気分になる。

自分の両手を見つめ、そこに力が戻ってきたのを感じる。でも気がかりなのは、自分と彼女(とまわりの世界)との境界が、まだ十分しっかりしたものではないと気づいたことだ。エクササイズを続けていくには用心がいる。彼女との関係できちんと作れていなかったおたがいの境界を、きちんと作らねばならないと思う。

自分のいろんな部分を一つ一つ解放していく

誤った（古い）自己認識をいったん捨てるというのは、とても難しいことです。「自分はダメな人間だ」といった否定的な自己認識ですら、私たちの自己のあり方に織り込まれてしまっていて、「私」の大事な部分として無意識に受け入れられているのです。みずからを自己限定するような認識も含めて、私たちはさまざまな自己認識で自分を支えています。

たとえば、あなたに「自分はダメだ」という思いがあれば、友人と競争しないですみ、かえって彼らにたいして寛容で協力的でいることができて、彼らもあなたをそれなりに尊重してくれることになります。もし「自分はダメじゃない」という自己認識をもったなら、まわりに向けた自分の行動も当然変わるでしょうし、友人との関係も変わらざるをえません。

しかしこうした他者との分離は、自分でそのプロセスが意識できていれば、望ましいものとなります。健全な変化を起こし、たんなる分離をもたらすだけの結末にならないよう、否定的な自己認識を進んで手放しましょう。それとともにこれまでの自分の一部を手放し、他者とのかかわり方を新たなものにしていくのです。ただし、そこで手放した自己認識をまったく否定したり捨てたりはしないように。それらもまた、あなた自身の真の価値について何かを教えているのですから。

直観力を働かす

しかし私たちには時おり、自分が何に執着しているかさえ分からないことがあります。家の中の古新聞や古雑誌を廃品回収に出そうにも、その置き場所がわからなければ捨てられないように、自分で探し出せないものを解放することはできません。次のエクササイズでは直観力を働かせて、自分が何を手放せばいいかを探っていきます。

● エクササイズ15・自己の解放 ●

まず、ノートを用意します。ノートをとると直観的印象の流れがさえぎられるなら、テープレコーダーに記録してもいいでしょう。

深呼吸し、意識を頭のてっぺんに集中します。それから額の真ん中、のど、心臓、お腹、足先といったからだの部位を、順に一瞬一瞬たどっていきます。その時々でどんな感覚やイメージがあるか、注意してください——記憶、考え、イメージ、感触、におい、味、音、感情。感じたものを記録し、そのたび一回深呼吸をして、次の部位にうつります。

これは本章の終わり(一五七ページ)にあるあなたへの質問と関係していますが、このエクササイズを完了するまでは見ないでください。

【ある人の得た直観的印象】

頭——子供のころ遊んだのと同じような白い砂浜が見える。そこには誰一人、自分さえもいない。

鳥が群れて飛んでいる。削岩機《さくがんき》のリズミカルな音が聞こえる。私の額が開いて、いろいろなものが流れ出てくるような感じだ。

のど――誰かの太股《ふともも》の筋肉が、私ののどに巻きついている。のどが締め上げられそうだ。やがて歌声が聞こえてきて、その締めつけは弱まった。

心臓――ビー玉のような玉石が無数にある。どれもみな同じような石また石。自然の風景と、地面をおおう緑色のやわらかい苔《こけ》。私はその上に横たわっている。

お腹――痛みとやさしさ。やさしさには、赤紫色のイメージを感じる。

（彼女の解釈）

頭――霊というものはまったく存在しないというのが私の考え方だ。自己という存在も同じく。でも鳥がつがいで飛んでいるのを見ているうち、愛の強さによって、死後もつがいの鳥となって結ばれた恋人どうしの話を、子供のとき聞いたのを思い出した。

私に必要なのは、人と人との永遠のつながりに注目して、今の虚無感を手放すことなのだろう。

のど――締めつけられるような感じ。これが直観的なものかどうかははっきりしない。

とくに最近になって、他者にたいして――自分にたいしてさえ――どうやったら自分の考えがちゃんと伝えられるのかわからなくなっている。コミュニケーションは最低限にとどまってしまうので、いつも孤立感におそわれる。歌によってその締めつけが弱まるというのは意味深長だ。

心臓――このイメージは自分にとって大変意味がある。私は人生で失ったものがあまりに多かったので、〝自分には誰か一人、絶対に必要な人がいるはずだ〟という思いさえも入り込ませないようにしてきた。シナリオどおりに生きてきて、自分の感情に気づかないできたのだ。

青い苔(このあたりでは見つけづらいが)の上に横たわろう。そうすれば心が落ちついてきて、大地に支えられているように感じられる。それに苔は、もっと乾いている草とちがって、生き生きと生命力にみちている。このイメージは私自身とはかかわりなく、ダイナミックで生命力あるものから力を得るというイメージだ。それは、成長の段階(もう昔の思い出だ)を過ぎ、衰えに向かっているのとは正反対のものだ。

お腹――痛みとやさしさというのは、私にとって明白なイメージだ。私には、痛みぬきでやさしさを感じることもできる。赤紫色(やさしさ)を見ると、日没の光景を思い出す。一日が終わり、そのすばらしい時間の中に入っていき、心は穏やかになっていく。何か自分にとって運命的なことが起きて、私は新たな喜びをそこから受けとるのだ。

そういえば、自分の足のことを忘れていた。足も自分にとって重要な意味がある。私の足は醜い。しかしそれは、大地とのきずなを象徴するように思える。足のイメージを試してみよう。そのメッセージはわかっている。足のことを忘れるな、自分の醜い部分を受け入れろということなのだろう。今度、足のマッサージでも受けてみようか。

足――アヒルの水かきのイメージが見える。水をかき分け押しやっていくその強さ、純粋な道具としての力。自分に必要なのは、もっと強く、役立つ人間、さらに美しい人間となるすべを見つけることだ。

「愛」の反対語は「悲嘆」

悲嘆（grief）という言葉には、本書での愛を探す旅路には似つかわしくないような響きがありますが、悲しみ嘆くこともまた人生の大事な一部です。

面白いことに、生理学的にみると、愛の正反対にあたる感情は「憎悪」ではなく「悲嘆」なのです。不思議に思われるかもしれませんが、人は十分に悲しみ嘆くすべを学ばないうちは、十分に人を愛することができません。愛するとは、失う危険をおかすことです。パートナーは誰か他の人に気持ちを移すかもしれませんし、誰かをデートに誘ったとしても、拒否される恐れがあります。

十分に悲しみを味わい、それを通りぬけるすべを知らないうちは、危険をおかして愛を得るための力は生まれません。さらに言うならば、私たちの人を愛する能力と、嘆き悲しむ能力とは正比例の関係にあるのです。何かを喪失することに耐えられないとしたら、私たちは永遠に片足を過去に、片足を未来にかけたままになります。そうではなく、悲嘆を通りぬけることで過去を自分のエネルギーに変え、未来の一部にしていくことが必要なのです。

あらゆる変化は「喪失」と「獲得」の連続

悲嘆の時はまた、未来への新たな始まりと希望とを祝う機会でもあります。しかしこの事実は見失われがちです。ふつうは気づかないかもしれませんが、人生のあるステージから別のステージに移るさい、私たちは喪失と獲得を同時に経験しているのです。

喪失は成長と変化という人生のサイクルの間にある重要な部分であり、そこからの卒業は、私たちが大人として人生を両手で受けとめるうえで必要なステップなのです。

人生での変化の時には、「儀式」を行なおう

人生の変化で起こる喪失を、私たちは十分に受け入れ味わう必要があります。愛のプログラムにおいても、なんらかの喪失の儀式を行なうことは、自己の存在のさまざまな面を十分に体験し、通りぬける助けになります。

誰もが自分なりのやり方で悲しみを通りぬけるのでしょうが、どんな喪失の儀式を行なうにも、そこに欠かせない、三つの条件があります。

1・変化の儀式には、公《おおや》けの表明が必要
2・儀式は「断言」式の言葉で行なう
3・変化の儀式のための期間を定める

これから、それぞれの条件をもっと細かく見てみましょう。これらはあなたの男女関係にかかわる変化だけでなく、人生でのあらゆる変化を迎えるときにあてはまるものです。

1・変化の儀式には、公けの表明が必要

人生の大きな変化には公けの行事があるものです。卒業式、婚約、結婚、葬式など。すでにふれたように、私たちは人生で数え切れないほどの変化を経験しますが、儀式によってそれを通りぬければ、心に傷を負ったままにはなりません。

たとえば、愛を失ったことを周囲に示すと、喪失の経験を十分に味わえる心のスペース(喪失感の居場所)ができ、誰か親しい人からの支えも求められるようになります。そうした支えがなければ、どんなに気丈な人でも、喪失感に伴うさまざまな感情に立ち向かえないかもしれません。

周囲に知らせるといっても、何もあなたの喪失感を誰彼かまわず知らせるというのではなく、数人の親しい友だちに話せば十分です。誰かに、自分の体験する大きな出来事に立ち会ってもらうことの重要さははかり知れません。それによって、自分の人生に現実感がわいてきます。

2・変化の儀式は「断言」式の言葉で行なう

悲嘆のさなかにある時、私たちは問題そのものを直視せず、その問題をめぐる話をえんえんとしゃべりまくります。自分の感情を一つ一つ見つめ吟味する必要があるのに、私たちはきりのない感情の中にのみ込まれてしまうのです。

「断言」式の言葉づかいは、未来へのはっきりした方向性を示す話し方となります。それによって私たちは、自分にはまだこの先の最終目的地があるんだという信念と安心感をもてるのです。

「彼との問題はもう終わりました。私はこれから新たな出発をし、前に進んでいきます」

3・変化の儀式には一定の期間を定める

悲嘆の儀式には一定の期間を定める必要があります。といってもそれは、ある時期が来たら失ったものをそれ以上悲しむのを自分に禁じたり、ここまでと時期を限って、それ以上悲嘆を長びかせないようにするということではありません。自分に充分な時間をあげて、その間あなたの直観力や感覚、知性や無意識が、この課題に集中できるようにするということです。

そして、悲しみの期間が終わった後は、心の焦点を別の方向に移すよう、自分の心にはっきり言っておくことが必要でしょう。一定の期間を設定しておくと、あなたの無意識は変化のサイクルを一周して元に戻ることができるのです。

時間は充分とりましょう

「公けの儀式」が終わったからといって、喪失感をめぐる感情すべてに決着がつくということはありません。喪失の悲しみは一時的なものでなく、なんらかの形で残り続けます。しかし自分を抑制せず悲しみを表出できるなら、私たちは解放され、新たに人を愛することができます。失った愛を充分に悲しむことで、私たちはその悲しみから自由になることができ、自分が愛したのは相手の何だったのかをふり返ることができます。

切り傷が癒される過程では、まず傷の下から新しい皮膚ができてきて、見苦しいかさぶたはその役目を終えてはがれ落ちていきます。しかしどうやら心の傷のほうが、肉体の傷よりも治りが遅いようです。

以前あるワークショップで、参加者たちが自分の心のかさぶたを早くはがし過ぎた例がありました。しかし彼らの多くは、そのうちまた心にかさぶたをこしらえているのでした。彼らの「新皮」はまだできていなかったため、まだ、かさぶたが必要だったのです。

充分時間をとって過去の癒しに取り組んでいけば、あなたは成長し、強くなって、自分の身を守れるのです。ですから、あなた自身を取り戻すまで、問題となった愛情関係について、何度かエクササイズ15(自己の解放)の直観的イメージ法を行なってみるとよいでしょう。

生と死を祝福する

「いかに生きるか」とは「いかに死ぬか」ということだ、と言ったのは東洋の賢人です。生きてゆくプロセスはまた、死にゆくプロセスでもあります。哲学者ラム・ダスの言葉をかりれば、「誕生の苦しみとは死の苦しみであり、死の苦しみとは新たな誕生の苦しみ」なのです。

私たちの人生は、いわば死への準備です。私たちは、自分が死ぬとどうなるかはわかりませんが、考えてみれば子宮の中からこの世の中に出てきた時も、どうなるかはわかっていなかったのです。

私たちの経験とはつねに新しいものです。古いものから新しいものへの移行、それは誕生そのものです。新しい体験から逃げ、それをどんなに最小限におさえたとしても、やはり何かが変わるのです。あなたにとって変化とは何かの死なのでしょうか、それとも新たな始まりなのでしょうか？

誕生にさいして、私たちは子宮という、自分が身を寄せていた唯一安全な世界を離れて、新しい世界へと出ていきます。世界には、まだ自分が見つけていない多くの喜びが待っていますが、私たちはそれをまだ知りません。

私たちの五感は、あなたは大変な航海に乗り出したのだよと教えてきます。陸地に上陸すると同時に、栄養と酸素をもらっていたへその緒が切られ、私たちは自分には何が必要なのかをはじめて感じとります。この感覚によって、私たちは呼吸をし、母親の乳房を求めます。自分の力で行なう、新たな栄養補給の始まりです。

幸い、最初の呼吸はうまくできました。母乳もあてがわれます。これが、あなたの人生で最初に起こった変化へのレッスン(喪失と新生)でした。もしもらえる母乳がなく、空腹なままでほうっておかれたら？　泣いても応えてもらえなかったら？　赤ん坊は泣くのをやめ、欲しいものを求めても必ずしも与えられるとは限らないんだと思うようになります。

幼児期のさまざまな喪失体験は、適切な発達段階の一部なのでしょう。しかし、赤ん坊の時に私たちが体験する喪失の大きさは、自由や自立という新たな報酬だけでは完全には補えません。愛するものから切り離されたという喪失感は、私たちの成長に見合った何かで埋め合わせられていくことを、私たちは学びます。それでも、失われた子宮の記憶を悲しみ嘆くことがなくなるわけではありません。

子供時代に私たちが通りぬける試練とは、内面的能力の発達のために、これまでの外面的な心地よさを犠牲にするということです。私たちは自分でごはんを食べ、自分で歩くことを学びます。古いものを犠牲にし、成長と自立にともなう責任を受け入れるというプロセスは、これから起きてくる人生のさまざまな問題に対処する力となるものです。

理想的な変化のプロセスとは、私たちの人間としての自然な発達段階と同様のものです。子宮から出て、母親と一体化した時期を過ごし、赤ん坊時代の健全な自己愛の時代、そしてやがて成人になり、こんどは自分たちの子供をもつ……。

これは完全なサイクルであり、私たちが、自分の求めるものを自分に与えてあげられる人間へと成長するために、必要なものを確保できるよう助けてくれます。そして私たちは、自分の得た強さや愛を、他者と分かち合えるようになっていくのです。このサイクルがどこかでさえぎられると、他者を愛し、愛を招き入れる私たちの力も不完全なものになります。

あなたが子宮の中で、それ以上成長できずにとどまっていたら？　あるいは母親の母乳が、成長のためには不十分な栄養しか与えてくれなかったら？　あるいは、もしあなたが歩くことを学ばなかったら、自分の居場所さえ見つけられないでしょう。そして、他者と交流するすべを学ばなかったなら、あなたの世界もパーソナリティーも、非常に狭いものになってしまうでしょう。

あなたの人としての成長が順調に進むには、前の段階が終わり(死を迎え)、次の段階が始まらなければならなかったのです。悲しみを通りぬけるという変化のプロセスも同様です。

続くエクササイズでは、喪失の悲しみを十分に味わうことが目的です。

●エクササイズ16・古い愛に「さよなら」を言う●

通常どおり、五感のセルフチェックから始めます。心のセンタリングができたら、あなたの直観力が思い出させてくる記憶に、意識を向けていきましょう。それらを心の中で、細部にいたるまで再現しなさい。そして、その記憶につながる人々を思い出していきなさい。それは誰ですか？その記憶と彼らとのつながりを考えてみなさい。

あなたの五感すべてを使って、その記憶をありありとよみがえらせていきます。感情、聞こえてくる音、目に見える情景、手ざわり、におい。直接その思い出と関係しないものでもけっこうですから、そこで感じたすべての感覚を書きとめます。

心に浮かんできた思い出を、一つ一つ書いていきます。あなたがこれまでの人生で経験した変化についての思い出が呼び覚まされたことでしょう。それはどんなものですか？　仕事を変えた時のこと、転居を決めた時のこと、自分の力が認められた時のこと、あるいは「自分はもう歳だ」と感じた時のこと、など。

これら一連の思い出はあなたに、新たな愛へ向かうためには、いま何を悲しんだらよいか、その対象を教えてくれるでしょう。それらの思い出に共通していたものは何でしょう？

できれば、このエクササイズを一緒に行なってくれそうな相手を見つけなさい。相手は男女を問いませんし、恋人やパートナーでなくてもけっこうです。その人と過ごす時間をとって、家でも外でもけっこうですから、あなたの変化を人生に刻みつけるための、この意味深い儀式の時をともに過ごしましょう。

エクササイズを進める前に、あなたがいま直面している変化とはどんなもので、あなたにとってどんな意味があるのかをメモしておきなさい。そこにはまた、その変化からあなたが何を学びとり、何を手放すつもりかについても書いておくといいでしょう。

このエクササイズには一週間ほど（あるいは必要なだけ）かけて、充分に悲しみにひたりなさい。

【ある人のケース】

エクササイズを終えてわかったのは、私はこれまでの人生での変化をすべて、突然の事態としか受けとめていなかったということです。

家族の一員だったころの安心感を失ってしまった悲しみを、私はもっと充分に感じ、通りぬける必要があるようです。今では、私は自分自身のつくった家族の一員なのだという現実を、受けとめなければならないのです。

……検討すべきポイント……

変化とは、何かが新たに起きるためのスペースを準備するための、喪失のプロセスなのです。もう存在しないものにしがみつきながら、同時に新しい何かを探そうとすることはできません。

悲しみを十分に感じ味わっていくと、未来の新しい愛情関係を迎え入れるための心のスペース(余裕)ができていきますし、あるいは現在の相手との関係を見つめ直すきっかけにもなります。自分の人生にとってプラスにならなくなった古い関係を手放すことで、あなたは再び健全な結びつきをつくっていけるのです。健全な愛情関係には、いつでも変化し、状況に適応していける力があります。

失われたあなたの一部を取り戻す

愛する人、愛情関係、それに感情面での喪失についてお話ししてきましたが、私たちは時に、自分自身の一部を失うこともあります。

たとえば、以前の男女関係であなたがずっと相手に従属的であったならば、あなた自身のパワーを失ってしまっているかもしれません。相手のほうが自分よりまさっている、すぐれているという見方が身についてしまっているとしたら、あなたは自分の知性やユニークさを忘れてしまっているのでしょう。また、前のパートナーとの関係で、あなたが自分のことをセクシーだと思っていたならば、関係が終わったことで、あなたはそうした自分の魅力への自信まで失っているかもしれないのです。

過去の関係や感情の束縛から自由になったなら、あなたは失われていた自分の一部を取り戻すことができます。次のエクササイズは、あなたが直観力を生かして自分自身を取り戻す手助けをしてくれるでしょう。

●エクササイズ17・「島」のイメージ●

まず、五感のセルフチェックから始めます。心のセンタリングができたら、自分のからだ全体――両手、両足、両目、そして精神――が、生きて呼吸する一つの「島」になるというイメージを思い描いてください。

その島はどこにあって、どんな感じですか？　どんなふうに見えますか？　どんな音が聞こえてきますか？　どんなにおいがしてきますか？　そこに住んでいる人はいますか？　彼らはどんな人たちで、どういう歴史がありますか？

島の食べものや資源は豊富ですか？　気候はどうですか？　その島の最もすばらしいところは何ですか？　訪問するなら、どの季節がいちばんですか？　その理由は？　その島のことを表わす歌があるとすれば、どんな歌ですか？

これは本章の終わり（一五七ページ）にあるあなたへの質問と関係していますが、このエクササイズを終えるまでは見ないでください。

【ある人の例】

島は心臓のように鼓動し、そのリズムは、私と、私の上に棲息《せいそく》するすべての生きものの中をかけぬけています。私は潮風のにおいがして、たくましく、気まぐれで、いたずら好きです。私はへんてこな形をしていますが、その形は興味深く、しかも調和的です。なにか幻想曲のような調べが聞こえてきます。

私(島)は、目をさまし、漂っています。しかし同時に、自分の中心からくる力強い脈動で安定しています。今は、ボストン港の沖にいます。住民たちは白い衣をまとっています。彼らは、昼間陽ざしが強いうちは家に引きこもり、夕方は活発な話し合いをしに出かけてきます。人々はみなよそからの移住者で、日よけの帽子をかぶっています。はじめ、私は人が寄りつかない無人島だったのですが、果実はじつに実り豊かで、それが島に住みたがる来訪者を招きよせたのです。

ひとりでいたい時は、嵐を起こし、住人にしばらく島から出て行ってもらいます。ただ気候を少し肌寒くして、海辺の植物を守っておけばいいのかもしれませんが。島にはいろいろな種類の果物がありますが、それはみな、(エデンの園でイブがアダムにあげた)リンゴの木から分かれてきたものです。ですから島の果実は、かじるとちょっとした「禁断の知識」の味がします。果実はどれも甘いとはかぎりませんが、島の訪問者はみな、これらの果実を求めてやって来るのです。

湧き水の泉もありますが、これはよく探さないと見つかりません。時々、私自身にもそのありかが分からなくなるのですが、夜の静けさの中では、その水音が聞こえます。水はとても澄んでおり、果実よりおいしいぐらいです。

この島の最もすばらしい部分とは、私が育てている禁断の果実によって養われている、人々の知恵のひらめきです。島にいて、退屈することはありません。嵐の中でもとどまった人々は、嵐の去った後の静けさを味わいながら、落ちた果実を拾います。島の歌は、「グローリー、グローリー、ハレルヤ！」です。

……検討すべきポイント……

これまでの取り組みを通してあなたは、以前の関係で失った自分の一部を取り戻したことでしょう。あなたはこれまでの人生で場所をとっていた古きものを手放し、新たな愛を招き入れるスペースを空けたのです。

自分を許し、受け入れましょう

後で紹介するエクササイズ20は「ポジティブな自画像をつくり上げる」ためのものですが、これは、あなたが自分の肯定的な面に触れるためのものです。（一七七ページ）

現代の私たちは、マスコミがこしらえた美と愛のイメージに洗脳されており、そのため、自分には足りないところ、不完全なところがあると無意識に思いこんでいます。そうして、「もし自分が○○でありさえすれば、求める愛は見つかるのに」という心の罠におちいりがちなのです。

ここで考えていただきたい質問が一つあります――「あなたが自然に受け入れられるような異性とは、どんな人ですか？」

「あなたはどんな人にならなければならないか」という質問ではないことに注意してください。あなたは、あるがままのあなたのままで愛を招きよせることができるのです。それに気づきましょう。あなたは熱情的でも、神秘的な女性でもないかもしれません。（ひょっとしたら、そうかもしれませんが！）もしそうであれば、そうした女性に引きつけられるような男性といても楽しくないでしょう。

あなたが心温かく、オープンで社交的な人間であれば、あなたにふさわしい相手は、そんな「あるがままのあなた」に応えてくれる人でしょう。しかし自分が情熱的で神秘的な女性であるかのようにふるまい続けるなら、あなたのパートナー候補の男性は、本当のあなたの輝きを目にするまでに、多くの幻想をかきわけて来なければならなくなるでしょう。

「魅力のない人」というのは本来存在しません。あるのはただ、特定のタイプの人を引きつける特定の資質だけです。あなたの中の、自分が高めたいと思う面を発見しましょう。これはもちろん、本来自分がもってもいないような性質をもっているかのようなふりをするのとは全然違います。

自分の中の最良の面を高めていくならば、あなたは自分が一緒にいたいと思う人を引きつけたり、また現在の関係をよい方向に変えていくことができます。相手に与えたいと思うものをたっぷりと与え、逆にストレスやマイナスの要素を生むものを相手に与えないようになれるでしょう。

そして、現在または将来のパートナーのために、自分自身についての建設的な問いかけをすることができるようになります。たとえば、「もっと親しくなるには、私のどんな面を隠さず見せていけばいいのかしら」とか、「私が自分らしい生き方を続けながら、二人がうまくやっていくには、彼のニーズにどんな形で応えたらいいのかしら」というふうに。こうしてあなたは満足のいく、しかもおたがいの魅力を失わない関係を築けるようになります。

正しい自己イメージを取り戻す

自分についてのはっきりしたイメージをもっていなかった幼いころ、あなたは他者からの——とくに家族からの——認識やメッセージを通してそれを得ていたはずです。それが真実であったかどうかはともかく、そうして得た自己イメージは、あなた(や他者)がどんなふうにあなた自身を見るか、その見方の欠かせない一部になっていきます。しかし直観力を通して記憶をより分け、意識的に自分にとって有益な情報を選んでいくと、本来の自分自身を知ることができます。それによって、本当のあなたに合った愛が見つけられるのです。

見当違いの目標設定や、えたいの知れない恐れは、あなたの意識がもう覚えていないような昔の人たちから押しつけられた自己イメージにもとづいているものです。そうした間違った自己認識は、私たちの本当の力、目標とすべきもの、必要とするものを見えなくさせ、自分の傷つきやすい面を守ることをさまたげます。過去の愛情関係で、あなたが不本意ながら引き受けてしまったさまざまな役割は、子供のころ植えつけられた自己イメージからくるものだとわかるでしょう。

そうした記憶を呼び起こし、次のように自分に問いかけなさい。

「自分は本当はどんな人になりたかったのだろう?」

次のエクササイズは、他者によるあなたへの批判的決めつけを、あなたが自分の心にどんなふうに取り込んできたのかに気づくためのものです。

●エクササイズ*18*・他者からの投影を検証する●

今までと同様に、五感によるセルフチェックから始めます。

それから、直観的印象を通して、以下の質問に答えていってください。そのさい、あなたの心の目、耳、からだの感覚をすべて働かせてください。それぞれの質問を読んで感じたことを一項目ずつ書きます(それ以上でもかまいません)。質問によっては、あなたの答えはほかよりも長いものになるかもしれません。これらの質問は、あなたが本章の最後の質問(一五七ページ)に答えるための準備になるでしょう。

1・あなたの父親と一緒にいたころの幼児期の自分の記憶を、一つ思い起こしなさい。

＊その時の感じはどんなものでしたか?
＊あなたはどんな子供で、自分のことをどう感じていましたか?
＊あなたは強い子でしたか、それとも弱くて傷つきやすい子でしたか?
＊当時のあなたには、何か誇りに感じることがありましたか? それはどんなことですか?
＊当時のあなたには、何か恥じていたことがありましたか? それはどんなことですか?
＊あなたがいちばん恐れていたものは何でしたか?

＊当時のあなたにとっての一番の望みは、どんなことでしたか？

2・次に、あなたの母親との幼児期の記憶を一つ思い起こしなさい。そして、1であげたのと同じ質問に答えていってください。

3・あなたの兄弟姉妹との幼児期の記憶を一つ思い起こしなさい。そして、1であげたのと同じ質問に答えていってください。

4・あなたの親類との幼児期の記憶を一つ思い起こしなさい。そして、1であげたのと同じ質問に答えていってください。

5・そして最後に、幼児期の自分自身についての記憶を一つ思い起こし、同じ問いに答えていってください。その時の自分の気持ちについて、書き出してごらんなさい。

……**検討すべきポイント**……

ここであなたが気づき、書き出した内容の中には、これから理想の愛を見つけ、楽しもうとしているあなたを大いに邪魔しているものがあるかもしれません。

ここではあなたの直系の家族との関係を見てきましたが、先生や他の子供たちといった、あなたの幼児期にかかわったそれ以外の人々も、あなたの今の自己イメージに大きな影響を及ぼしているはずです。ですから、このエクササイズを「先生」「自分にとって大切だった大人の人」などにおきかえて続けていけばさらによいでしょう。

本章であなたは、自分の人生に新しい愛を受け入れるための心のスペースをつくることができたことと思います。過去とのネガティブなつながりを引きずってきたため、押しつぶされていたあなたのエネルギーは、これから自由に流れ出すことでしょう。それが、愛への旅を進んでいく力になります。次章でも、愛のゴールに向かって積極的に進みながら、あなたの人生のパターンを変えるプロセスを続けていきましょう。

◆

《エクササイズ15、17、18のたね明かし》

本章のエクササイズ15、17、18を行なっていただいたのは、次のような問いについて考えていただくためのものでした。

●エクササイズ15・自己の解放（一三六ページ）——これはあなたの直観力に、次のような質問に答えてもらうためのものでした。

「自分が望む愛情関係を築き、育てるための心のスペース（余裕）をつくるには、あなたは今、何を手放さなければならないのでしょうか？」

あなたのからだのそれぞれの部位は、あなたの人生のさまざまな面を示していました。

頭――あなたは、自分のどんな考えや信念、価値判断を解放あるいは放棄すべきでしょうか？
のど――あなたは自分のことをどう表現していますか？
心臓――あなたは恋人やまわりの人々をどのようなかたちで愛してきましたか？（家族を含む）昔の愛情関係や、自分や他者への価値判断はどうでしたか？
お腹――自分にとっての心の滋養をどんなふうに求め、また得てきましたか？
足――自分の存在意義と、これから自分が向かうべき人生についてどう認識していますか？

●エクササイズ17・「島」のイメージ――質問の意図はこうでした。
「自分らしく生きる権利を取り戻し、愛を受け入れる心のスペースをつくった後の自分は、どんな人間になっているでしょうか？」

●エクササイズ18・他者からの投影を検証する
「他者や自分自身が子供時代のあなたに与えた、批判的・否定的な自己イメージにはどんなものがありましたか？」

チェックリスト

- 私は毎日の生活に、喜びと愛を感じる状態をつくり出します。

- 私は、自分とまわりの人々についての直観的な情報を受けとり、また自分にふさわしい愛のメッセージをテレパシーで伝える方法を知っています。
- 私は自分が愛に求めているもの、また相手に与えてあげたいものを知っています。
- 私は愛の目標の再確認のため、毎日、積極的に歩みを進めています。
- **私は自分の人生に、新しい愛を受け入れるスペースをつくり始めました。**

第7章 新たな愛を見いだす環境づくり・1——内面的パターンを変えよう

愛を招き入れる準備はＯＫですか？

「生徒の準備がととのえば、先生は現われる」ということわざがあります。愛についても同じことが言えます——愛を招き入れる準備ができれば、愛はあなたの前に現われます。

これまでの章を通してあなたは愛の目標設定をし、愛を受け入れる心のスペース(余裕)もつくってきました。今こそ、自分の人生のパターンを変え、愛への波長を合わせる時です。それは今あなたに恋人やパートナーがいる・いないにかかわらず言えることです。

真実の愛を探していくうちに道に迷い、進むべき方向が見えなくなっている人がいますが、それは彼女らの心が、理想どおりの相手に出会う準備ができていないからです。もし今日、あなたの求める理想どおりの人と出会ったとして、今のあなたには、その人を本当に受け入れる準備ができていますか？　本当に、その人との愛情関係をスタートできる準備が。

愛を受け入れる準備を進めるためには、あなたの心が求めているものが何なのか（たとえば「安心感」といったような）をはっきりさせることが必要です。そして次に、「今、自分が（安心感を）感じられないのはなぜだろう？」と考えてみます。その理由は、今のあなた自身、これまでの生まれ育ちで身につけた自分の性格、あるいは人間観にあるのかもしれません。

人生に愛を招き入れるのになにか困難をおぼえている人は、実際には積極的に（それも無意識的に）愛を遠ざけるようなことをしている可能性があります。驚くことに、そうした人は自分が愛を遠ざけているという可能性を見ず、「自分は人に愛されることなんてない」と決めこんで、何の努力もしないのです。

この章でのエクササイズは、あなたが愛の旅を行くのを邪魔する、あなた自身の自己否定的な傾向を改め、人生に愛を受け入れる準備をととのえていただくためのものです。

人生のパターンを意識的につくり直す――内面から外の世界に向かって

あなたがこの本を今読んでいる理由は、なにかしら自分の愛情生活に満足していないからだと思われます。目下、とくに特別な人がいないか、現在の関係に「何かが欠けている」と感じているのではないでしょうか。

人生のパターンをつくり直すといっても、恋愛についての本によく書いてあるような、容姿をよくし、男性が近づきたくなるような「小道具」をそろえるといったたぐいの変化を言っているのではありません。

前にも述べましたが、望みどおりの愛を見いだすには、あなたは人生のあらゆる面で深い変化を起こす必要があるのです。それは、あなたとまわりの人々の両方に、意識的、そして無意識的に起きてくるようなものでなくてはなりません。あなたの人生のパターンを変えるため、より意識的なステップをふんでいきましょう。

実際にはこうした変化は、ステップ2「愛の目標をはっきり描く」(第4章・第5章)で、明確な愛のゴール設定をした時点から始まっています。そこであなたの無意識とパーソナリティーには、微妙ですが深い変化が起こっているはずなのです。

これからの章では、あなたの習慣、信条、恐れ、期待、変える必要のある行動パターンを見ていきましょう。(もちろん私は、「あなたは自分の基本的な人格をすっかり変えねばならない」と言っているのではありません!)

人生には「儀式」が必要

古い愛を手放す喪失の儀式について第5章でお話ししましたが、意識的に「儀式」を行なうことは、人生のパターンを変えるうえで役立つ手段となります。

儀式といっても、必ずしも宗教的なものである必要はありません。たとえば、あなたが朝起きてから、一日を始めるための何かの儀式があるでしょう。私の場合は、コーヒーを片手に友だちに電話するのが、一日のゆるやかな始まりです。熱いシャワーや朝のジョギングが朝の儀式だという人もあるでしょう。ちゃんと朝の儀式をしないと、その日一日がしっくりいかず、集中力も散漫になるといったことがありませんか？

儀式それ自体は、結婚式での指輪の交換のように象徴的なものです。私たちがそれを大事なものと決めたからこそ、儀式には意味があるのです。肝心なのは、それをとり行なう私たちの心です。

儀式は、私たちの日常生活でいつも起きること、きまりきった家事や習慣とは対照をなすものです。儀式の中にも家事や習慣のようにくりかえし行なうものがあり、心地よさをもたらしてくれます。しかし両者の大きな違いは、習慣化したものは無意識になされるということです。習慣は、私たちが毎日やるべき事について、いちいち考えることなく取り組めるようにしてくれます。

儀式というのはちょうどこの正反対です——儀式は私たちに、自分のやるべきことの意味を意識的に考えるよう求めてきます。

私たちは自分がもっているエネルギーを、すべて自分を支えるために使えれば理想的なのですが、生活が私たちに課してくるいろんな責任や他者の要求にふり回され、私たちの注意力やエネルギーは浪費されてしまいます。儀式はそんな私たちの心を、非常に集中した状態にしてくれます。一定の行動をそういう集中した心の状態で何度もくりかえしていくと、やがてはそうした理想的な高い精神状態に、思いどおりにいつでも入れるようになります。

私たちの心は必ずしも完全に方向づけができているわけではないので、儀式がもたらす心の集中力には大きな意味があります。何かに心の焦点をあてて儀式をとり行なえば、あなたのエネルギーはひとりでにその方向に集中していきます。

運動選手、ミュージシャン、ダンサーなどパフォーマンスを行なう人はみなこのことをよく知っていますし、各界で頂点をきわめている人はみな、自分なりの儀式をもっています。儀式は、私たちの注意力とエネルギーの焦点合わせを助け、よりよい現実をつくっていくのを促してくれる、大切な人生のツールです。

レーザー光線は、正確な焦点合わせがいかにパワフルな力を生むかを示すかっこうの例です。ふつうの光は、フォトン(光子)という無数のエネルギー粒子からできています。それらは整然と進まず拡散する性質をもっているので、フラッシュの光でさえ、フォトンどうしがぶつかり合い、たがいのエネルギーを相殺しあってしまいます。

しかしレーザー光線では、フォトンはいわば「整列」していて、分子はたがいに干渉せず、強化し合うのです。その結果、鋼鉄をもつらぬくパワーが生まれます。

同じように、儀式はあなたのエネルギーと能力のすべてを、愛を見つけ、広げ、高めることに集中させてくれます。とくにすばらしい点は、儀式はあなたの意識にも無意識にもよい影響を与えるということです。儀式は、あなたが自分の無意識に触れるための数少ない方法の一つなのです。

これから紹介する愛の儀式を行なうと、あなたのまわりで、愛のゴールを達成するのを助けてくれるようなさまざまな変化が起きてくるでしょう。

儀式をどう形にするか

あなたの心の焦点を愛のゴールに向け、それをあなたの無意識に刻みつけるため、本書ではこれまでのエクササイズでも儀式的な面を強調してきました。

日々の生活で、私たちはときおり意識的に儀式を行なうべきです。理想的には、あなたの五感(視覚・嗅覚・触覚・聴覚・味覚)や思考力、イメージをすべて働かせ、周囲の世界とのつながりを深めることです。儀式はまた、毎日あるいは週ごとに規則正しく行なうと、パワフルなものになります。行なう儀式は、なにも複雑で練り上げられたものでなくてもよいのです。目立たない形でそっと行ないたいのでしたら、出勤途中やエレベーターの中でも行なえるようなものを考えましょう。大切なのは心の集中です。

あなたの儀式は、あなた自身のためのものです。自分たちの意識をパワーアップするよう努めた人々がつくった愛の儀式の例を、いくつかあげましょう。

＊朝、香水をつける前に、香水のびんを両手で持ち、私自身が花の香りそのものとなって、愛する人がその香りに招きよせられるところをイメージします。その場面がはっきり思い描けてから、香水をつけます。

この儀式を始めた当初は、今までつけていた香水では何かしっくりこないのに気づいて、もっと魅惑的な、もっと「自分らしい」香りを探すのに、丸一週間をかけました。

*ピンク色のキャンドルを部屋にいっぱい置きます。一本一本に火をともすたびに、そのキャンドルはみな私の未来の恋人で、炎は彼が私のもとにやって来る道を照らしてくれるのだとイメージします。

*毎週金曜日にはお風呂にバラを二輪入れ、恋人と入浴する場面を思い描きます。

*朝食のテーブルの向かい側にもう一人の席を、ベッドにもその人のスペースを用意します。そこにいてくれる恋人のことを、積極的にイメージします。

*恋人と自分が一緒にいるところを絵に描いたり、立体にして作ったりします。少なくとも、毎日二人のことをイラストに書いたりします。

*朝目がさめたら、未来の恋人を相手にダンスをします。(その後、ボーイフレンドが本当に一緒に住むことになった時、私たちは二人でダンスをしました!)

*愛のプログラムを始めたばかりの時、私の家はがらくたで一杯でした。未来の恋人のためのスペースをつくるために、毎日何かを捨てることにしました。

*自分の持ち物すべてに、愛のゴールを表わすシンボルマークを描きました(九九ページ参照)。それをノートやメモに描いたり、マッシュポテトにまで指で描いたりしました!

*愛のワークブックに少なくとも一日一回、理想の愛を表わすものを書いたり貼りつけたりしていきます。それはある日の日記であったり、押し花や花の絵であったり、または雑誌に出ていた写真だったりします。

＊愛のゴールを、定期的に書き出します。そのさい、それがすでに実現しつつあるように表現します。（九七ページ参照）

＊週末には必ず、自分が誰かから愛をもらったと感じられた状況をリストアップします。また、自分から誰かに愛を表現したときの行動やしぐさについても書き出します。こうした体験を、自分の頭によく覚えさせて来週にのぞみます。

愛を招き入れる儀式をさらにしっかりとしたものにするため、儀式の手順を愛の日記に書き出すとよいでしょう。

儀式はまた、複数の人と行なうと、あなたが関わっているすべての人とのつながりを深めるので、効果は大きくなります。ですから、愛の旅を一緒に進むグループをつくり、愛の日課となる儀式を一緒に行なうようおすすめします。愛のサポート・グループについては第10章でくわしくお話ししますが、ここでも、友だちどうしの間で一緒に行なう愛の儀式の例を一つご紹介しましょう。

＊私は、友人と毎週こんな愛の儀式をして楽しみます。

たとえば先週は、彼女は私のオフィスに花を贈ってくれました。そして私からは、彼女が自分のための時間をゆっくりとれるようにと、入浴剤とキャンドル入りのバスケットを贈りました。

二人はおたがいに気づいた相手のよい点を言ってあげ、弱点にもやさしくふれあって、向上できるようにしています。そうして、おたがいをケアし合う習慣をつくったのです。二人の間でエネルギーは高められ、一緒にいる私たちに惹きつけられる男性も現われました。私たちの愛のゴールは、「親友どうしの同時結婚式」です！

「二つで一組」のものを住まいに置く

人生を変えるために環境を再調整する古来からの技術として「風水」があります。すぐれた風水師デーヴィッド・レイニーが私にすすめてくれた儀式があります。これは、あなたの人生にパートナーを招き入れるための効果的な方法です。

「あなたの住まいに、二つで一組になるものをいろいろ置きなさい。二本のキャンドル、二輪の花、壁に貼った二人の写真など、何でもけっこうです。」

愛の旅で初めての、危険な交差点に近づいたとき

これまであなたは本書のさまざまなエクササイズをし、愛を人生に招き入れる準備をしてこられたことと思います。そうするとあなたは間もなく、愛を探す旅での大切な岐路にいたることでしょう。

あなたはすでに、自分の好みどおりの人々からみて魅力的な人になっているかもしれません。しかし異性からのロマンティックな注目を受けたからといって、そこで必ずしも、あなたにとってポジティ

ブな体験ができるとはかぎりません。

異性からの注目を受けたあと、喜びではなくなぜか他の暗い不安な感情におそわれることがあります。これは、自分の中にある未解決の問題——無意識の恐れや劣等感からくるものです。

私の親友は、これまでずっと太りぎみでした。男女関係とは何年も無縁で、誰かに愛されることを強く求めてきました。やがて彼女は減量に成功し、男性も自分のことを魅力的に見てくれていると思えるようになれました。

しかし、はじめて得られた男性からの注目は、彼女をひどく不安で落ち着かない気持ちにしました。やがて彼女はまた食べはじめ、もとの体重に戻ってしまったのです！　彼女には、自分がそうなった理由がわかっていました。彼女の心にはまだ異性の愛を受け入れる用意がなく、からだ(体重)はそんな彼女を「守って」くれたのです。

自分の願うものに注意しましょう

「自分の願うものに気をつけないと、とんでもないものがやって来る」ということわざがあります。私たちは頭ではそのことがわかっているのですが、心になんらかの恐れがあると、その恐れは私たちをつき動かし、安全を求めるあまり、本当の望みからはかけ離れた方向に向かわせてしまうことがあります。

愛のゴールを追求し(そして定期的に見直しながら)、人生のパターンをつくり変えていくうち、あなたは無意識の下にあったさまざまな「問題」に気づくかもしれません。あなたの人生のパターンは、自分自身やまわりの世界をどう見ているかにもとづいて作られます。しかしそのプロセスのほとんどは、無意識的なものなのです。

たとえば、やさしくて愛深いパートナーにめぐまれない女性の場合、その理由は、彼女が男性に捨てられるのをひそかに恐れているからです。しかし彼女はそのことに気づいていない場合が多いのです。あるいは、そうした理想の男性は他の女性にとっても魅力的なので、自分だけの恋人になどなってはくれないのではないかという無意識の恐れから、せっかく近づいてきた未来のパートナーを拒絶してしまうかもしれません。

愛のゴール達成を事前にリハーサルして、無意識の問題を引き出す

あなたの愛の問題の多くが無意識下にあるというのは、まさに問題です。自分では気づきもしない思考や感情(とくに愛のゴールの達成に近づくと生じてくるもの)を、どうやったら見きわめられるのでしょうか?

もし自分の愛のゴールが間近に見えてきたら、その時あなたはどう反応するでしょう?「完璧な」愛情関係にゴールインする前に、あなたはどんな課題に直面するのでしょう?

問題なのは、私たちは自分が愛のゴールに近づいた時になって、はじめて自分が取り組むべき課題に気づくということです。これは最悪の状況です!

しかし幸いにも、直観力を用いるなら、理想どおりの愛情関係に入る前に「リハーサル」をすることができます。つまり自分の愛のゴールが、あたかも達成できたかのように「現在形で」振舞ってみるのです。

次の二つのエクササイズは、愛のゴール達成のための「リハーサル」をするにあたって、直観力を使って無意識の問題を引き出し、取り組みを容易にするためのものです。愛のゴール達成が近づくと自分の身に起こりそうな反応について意識的になれれば、問題への対応もやさしいものになります。

●エクササイズ*19*・完璧な関係の実現をリハーサルする●

このエクササイズの前提として、すでに述べてきたように、自分の求める愛情関係をすでに実現したかのように、愛の目標をノートに書いておきましょう。

パート1・愛のゴールの直観的リハーサル

五感のセルフチェックから始めなさい。

目を閉じて、長く、深い呼吸をしなさい。目を開いたとき、あなたの五感が直観的に最初にとらえたもの（あるいはイメージや感覚）を書きとめなさい。その具体的な細部で何か心にひっかかる点があれば、それについて考えてみなさい。それから、一七四ページの質問に答えてください。

(これまでと同様、エクササイズが終わるまで見ないように。)

パート２・イメージの中で、愛のゴールをリハーサルする

あなたの愛のゴールが、あたかも実現したかのようにその情景をイメージしましょう。全感覚を使って、そのリアルさを感じとってください。そこでのあなたの生活と、まわりの環境を心の目で眺めてみてください。その状態から、何か新しい問題が生じてきませんでしたか？　もしそうなら、それらにどう応じていくべきかを考えてみてください。

……………………………………………………

【ある人のケース】

パート１――心の目に、格子つきの窓が見えています。外に目をやると、外の景色にくらべて中は何てきれいなんだろうと思えます。窓枠の横には、ランプと、古いレンガの壁が見えます。

パート２――運命の恋人、生涯をともにする男性と、情熱的な関係にあります。今は夜半です。彼は大きくふかふかしたベッドにいて、エジプト製の綿シーツの下に私がもぐりこんでくるのを待っています。日中は二人ともとても忙しいので、夜はやっと二人きりになれる、待ち望んだ時間です。

でも完璧な生活を手に入れた今の私は、それを失うのをとても恐れています。今の生活を十分に味わえるように、私はこの不安に対処していく必要があります。さもなければせっかくのすばらしい生活を、ひょっとしたら起こらないかもしれないことへの恐れで台無しにしてしまうことになります。

　私は、「自分は本当に愛されているんだ」という実感を本当にもてるようにならなくてはなりません。そうすれば、想像が生み出す不安にとらわれずにすみます。また、彼との関係だけでなく、自分自身の人生をちゃんと続けていく努力をして、カップルであると同時に個人としても成長していかなければなりません。


（彼女の解釈）

　窓の格子や、外の世界とくらべて対照的で完璧な家庭は、私が外の世界や、見知らぬもの、異質なものに不安を抱いていることを映し出しているのだと思います。今の愛情関係で幸福にひたっている時に、私の不安感がとつぜん顔を出し、二人が外の世界から孤立しているように感じる時があります。私に必要なのは、外の世界を内にとり入れ、また二人の関係のすばらしい点をまわりに表現できるようになることです。そのためにはまず、心の安定を保たねばなりません。

……検討すべきポイント……

　このエクササイズは何度かくりかえしなさい。愛への旅を続ける過程で、新たに、思いもよらない問題が浮上してくるかもしれません。イメージとしての愛はすばらしいものですが、自分のすべてを相手とフルに共有するという〝現実〟は、あなたの強さと傷つきやすさの両方を照らしだします。

こうした愛の試練を受け入れ、進んで取り組んでいくことではじめて、現在の(あるいは未来の)相手との関係で、愛情とコミットメントが深まるのです。

心の中の古い怪物と対決し、打ち負かす

潜在意識下にある問題が浮び上がってきた時、それはたいてい「恐れ」として姿を現わします。恐れは、誰もが経験する感情です。そして先に見たように、私たちはよく自分の恐れ(たとえば、孤独への恐れ)を、人生の中でペットのように大事に飼っているのです。

その他にも私たちは心の中で、自らの想像がつくり出した恐ろしい怪物に出会うことがよくあります。これまでに行なってきたエクササイズは、あなたの昔の経験、それに他者への反応パターンをふり返っていただくことで、その「怪物」を見きわめ、退治することに役立ったと思います。

過去の問題を手放していく過程では、順調な時期が過ぎたあと、あなたの中の古いパターンがその見苦しい頭をもたげてきて、「私はまだここにいるのよ」と全力でその存在を示してくる時期があります。しかしこの危険な時期はまた、チャンスの時期でもあります。「怪物」はその持てる力のすべてを使って新しいあなたを征服しようとしてきますが、そのさいあなたの心に隠れていたものはすべて光のもとにさらけ出されます。心に隠されたものが何もなくなったなら、怪物を退治することは容易になります。

自分が大事にかかえてきたすべての恐れに光があてられたなら、その力にひれふすことは二度とな

くなります。やがてまた記憶の断片が現われてきても、「あなたのことなら知ってるよ。あなたなんかに、これ以上私の人生を支配されてたまるもんですか。私こそ、あなたの主人なのよ」と言えるようになるでしょう。

◆

《エクササイズ19のたね明かし》

本章のエクササイズ19（完璧な関係の実現をリハーサルする）を行なっていただいたのは、次のような質問について考えていただくためのものでした。

「自分の愛のゴールに近づいたり、実際に到達したとしたら、どんな問題が待ちうけていると思いますか?」

チェックリスト

- 私は毎日の生活に、喜びと愛を感じる状態をつくり出します。
- 私は、自分とまわりの人々についての直観的な情報を受けとり、また自分にふさわしい愛のメッセージをテレパシーで伝える方法を知っています。
- 私は自分が愛に求めているもの、また相手に与えてあげたいものを知っています。
- 私は愛の目標の再確認のため、毎日、積極的に歩みを進めています。
- 私は自分の人生に、新しい愛を受け入れるスペースをつくり始めました。

● 私は自分の愛情関係をめぐって現われてくる隠れた問題と向き合い、人生の内面的なパターンを積極的に変えていきます。

第8章

新たな愛を見いだす環境づくり・2——外面的パターンを変えよう

他者の「鏡」に映った自分をよく見てみる

前の章で、あなたが望む愛を見つけるには、自分の内面にある人生のパターンをつくり変えることが欠かせないとお話ししました。本章ではもう一つの大事な課題——外から見えるあなたの人生のパターンを変えることについてお話ししましょう。

ここでいう「外」というのは、あなたが他者からどう見えるか、またあなたが他者にたいしてどう振舞うか、そしてそれにたいして彼らはどう応えてくるか、それらすべての要素をさします。

相手のすることを自分のこととして見る

誰でも自分の心の中に、自分についてのイメージをもっています。自分の自己認識と、他者のあなたにたいする見方を比較すると、気づかされることはたくさんあります。自分のことをきちょうめんで洗練された社会人だと思っていても、周囲はあなたのことをせっかちで融通のきかない人だと見ているかもしれません。

だいぶ以前に、ニューヨークの有能なアート・セラピスト、エリカ・スタインバーガー教授から受けたトレーニングで、次のようなエクササイズをしました。これは私にとって、大変感銘ぶかいものでした。

●エクササイズ20・ポジティブな自画像をつくり上げる●

一枚の紙をタテ三段に線で区切り、真ん中の欄は大きくとります。

真ん中の欄には、自分で真実だと思えるような、ポジティブな自分の側面をリストアップしていきなさい。この紙はあとで他の人にも見せ、評価してもらうので、リストはワープロで作るといいでしょう。

あなたが自分自身について、最も評価してあげられることを書き出しなさい。短い肯定文のかたちで書いていきます。恥ずかしがったり、遠慮したりしないで、自分にたいして忠実に書いていってください。

例をあげましょう――「私の目はきれい」「私はセクシーだ」「私は他の人をほっとさせられる」

「私は人の話をよく聞いてあげられる」「私は誰にも公平な人間だ」

順序は問いませんが、たとえば自分のパーソナリティーにかんする描写が一ダース続いたあと、容姿にかんするものが一〇行続くというふうにならないよう、ワープロなどを使ってランダムに並べましょう。

これらの文章のセットは、あなたの男女関係にかかわる面にかぎらず、あなたという人間の全体を表わすはずです。精神的、感情的、身体的な特徴をみな含めましょう。そして自分の行動パターンや癖なども。

次に、この欄の右はしに「まったく正しい」「かなり正しい」「正しい」の三つの項目を書き、あとで他の人にそれぞれの文を評価してもらえるよう、チェックシート風のレイアウトにしてください。

それからリストの下の欄に、「あなたから見た、私の知っておくべきポジティブな点」というタイトルを書き、空白にしておきます。

そしていちばん上の欄には、次のような文章を入れておきます。

「私のポジティブな自画像のリストを完成させるためにお手伝いくださって、ありがとうございます。このエクサイズをつうじて、私自身の自分にたいする認識と、私を知る人々に私のことがどう見えているかをくらべてみたいと思います。

真ん中の欄にあげたのは、私が自分で真実だと思えるような自画像のリストです。その一つ一つについて、「まったく正しい」「かなり正しい」「正しい」の三つのどれかに○をしてください。

それからいちばん下の欄「あなたから見た、私の知っておくべきポジティブな点」には、私が自分のことで知っておいたほうがよいと思われる点があれば自由に書いてください。どうか率直な評価をお願いします。あなたの名前がわからないよう、切手を貼った私あての封筒を同封してあります。

このリストの完成のため時間をとってくださったことに、再度感謝します。他の方々からのご返事と比較したいと思っておりますので、できるだけ早くご返信いただければ幸いです。」

表は少なくとも自分用以外に二〇枚ぐらいコピーを用意し、自分あての封筒も切手を貼って同じ数だけ用意しておきましょう。

友だち、同僚、隣人といった違う分野の知り合い、それも男女含めて選び、みんなに封筒を渡すか送るかします。ただし、最近口論した相手や、職場で明白に競争関係にあるような人に渡す必要はありません。

あなたが最初に書いた真ん中の欄のリストは、あなたにとって「まったく正しい」、真実だと思える自己評価を集めたわけですが、他の人たちからもらった様々な反応(=他者から見たあなた)と、自分の自己イメージをくらべてみてください。

返事をもらうには、おそらく一週間程度はかかるでしょう。返事がすべてそろったら、自分用にとっておいたリストを用いて、一つ一つの自己宣言の文章について、自分への採点評価をしていきます。

理想は、すべての項目への評価が「まったく正しい」で一致することです！　しかし、誰かの意見にあなたがうなずけないとしても、それは客観的意見の一つとして意味があります。

また、複数の人があなたについて(自分では気づかなかった)なんらかの評価をそろって書いてきたとすれば、それがどういうことか、じっくり考えてみましょう。

【ある人のケース】

私に関する次の項目について、「正しい」「かなり正しい」「まったく正しい」の三段階で評価していただきたいと思います――

＊私は上品で優雅です。
＊私の考え方、感じ方、ものの見方、意見に、まわりの人々はいつも関心をよせます。
＊私は魅力的です。
＊私はきれいなスタイルをしています。
＊私は心の広い人間です。

＊私は創造的な人間です。
＊私は料理が上手です。
＊私は人の話をよく聞きます。
＊私は友情にあつい人間です。

……検討すべきポイント……

項目によっては、回答者の人たちとぴったり一致をみるものもあれば、反対のものもあるでしょう。自分について自ら感じているイメージと、他者から見えている自分とはどんな点で不一致があるかを知ることで、私自身、自分をより深く知るのにたいへん役立ちました。そして自分の長所は本当はどこにあるのかを知ることもできました。私はこのエクササイズをつうじて、自分のよい特質を十分に発揮することを妨げてきたのが何かをふり返ることができました。

これはあくまでも「ポジティブな自画像をつくり上げる」ためのエクササイズですから、あなたの自己評価に他者が「正しくない」などの否定的評価で回答をすることはできないよう配慮されています。しかし、あなたがとくに自信をもっているような点で回答者の多くが「まったく正しい」でなくたんに「正しい」に○をするようであれば、この点は彼らにとって、何か手放しで肯定できないような要素があると考えたほうがいいでしょう。

しかし忘れないでいただきたいのですが、回答者から返ってくるのは、彼らがあなたのことをどう見ているかであって、実際のあなたへの評価が下されているわけではありません。人々からの回答は、あなたの自己イメージの修正と向上に役立つでしょう。この情報によって、自分がまわりからどう見られているかがわかり、あなたがいちばん納得できる形で、より魅力的な自分に変わっていくことができます。そして自分を今よりもっと好きになれるような、これまで知らなかった長所も見つけられるようになるでしょう。

自分を今よりもっと愛せるようになることは重要です。なぜなら私たちは恋人やパートナーに、自分の中にかかえている「自分で愛せない部分」を愛してくれるよう求め、それを「自分を愛してくれている証拠」にしたがるからです。

自分の愛せない部分、短所を認め、やさしく受け入れるなら、あなたは他人に認めてもらうことにとらわれず、自分の力で生きていくことができます。これは恋人やパートナーへの依存よりも深い幸福感をもたらし、あなたの本当の魅力を育てます。

最後に、質問紙の下の欄の、人々からのコメント(「あなたから見た、私の知っておくべきポジティブな点」)に注目しましょう。そこには、みんなからの回答に共通した何かのパターンがありませんでしたか？　自分の気づかないポジティブな面を他の人々から知らされるのは、いつでも大きな驚きであり、時には感動的です。

たとえば二〇人のうち一〇人が「自分の時間をみんなのためにこころよく使う」というあなたの自己評価に異をとなえるなら、自分の認識とのギャップをみんなと話し合うか、あるいは寄せられたコメントをよく読んで考えてみるといいでしょう。それはあなたが、みんなの要求を満足させるためにどんなにエネルギーを使わされているかという思いを、控えめに表現していただけなのかもしれません。今の自己認識を変えるにはどうすべきか、考えてみましょう。

また、みんなの意見と一致するあなたのポジティブな点にはとくに注目しましょう。そうした長所を自分の魅力のベストランキングとして考え、自分が好かれているのはこういう点にたいしてなんだ、ということを自覚し、喜びましょう。またあなたの「強さ」についても、他者からの見方とあなた自身の見方との違いに驚くかもしれません。

このエクササイズの続きとして、あなたが人々から得た回答結果から想像上の人間をつくり出すというワークをしてみると面白いでしょう。その人(「あなたが知っている自分」+「あなたが知らなかった自分」)は、たとえば知性という点ではあなたが自己評価していたほどではなかったかもしれませんが、自分が思ったよりずっとかわいく、明るい人かもしれません。

このエクササイズは、年に一、二度行なうと、とくに効果があります。他者からの回答だけでなく、自分で新たに表明する自分のポジティブな点には目をみはります。

次のエクササイズではあなたの写真を使って、あなたのパーソナリティーと、あなたが他者とどうかかわり合っているかを、直観力によって明らかにしていきます。

自分のエクササイズが終わったら、同じ写真を何人かの友だちに見せて、あなたについてどんな発見をしてくれるか試してみてください。

●エクササイズ21・一枚の写真は千の言葉に値する●

一〇分ぐらい時間をとって、自分の写真を一枚選んで眺めてください。そのさい、ノートかテープレコーダーを用意しなさい。

写真を見て、まず直観的にはっと気づくことは何ですか？　分析的にならないように。これは精神分析医やシャーロック・ホームズになる練習ではありません。ただ、何か胸を動かすものに気づけばけっこうです。

最初に得た印象を記録し、写真を見つづけなさい。その間、心に浮かんでくる思い、感情、思い出をすべて書きとめなさい。受ける印象が、写真そのものと関係なくてもかまいません。ただ、自分を知るのに役立つ直観的印象をそのまま受け入れていきましょう。

忘れないでほしいのですが、これはポジティブな自己イメージを伸ばすためのエクササイズです。写真に映っている自分のからだつき、服、または振舞いで嫌いなところがあっても、その点をポジティブな方向から解釈していきましょう。たとえば、「写真の私は緊張して見える」は「私は上品で落ち着いた人に見える」というふうに。

むかし私がイタリアに住んでいたころ、女性たちの自由でリラックスした姿をうらやましく思いました。私は自意識が強く、人とのやりとりで緊張してしまう自分をいましめました。しかしその二〇年後、再会したイタリアの友人たちは私のことを「きれいで、心に深みがあり、思慮深い人」というふうに覚えていてくれていたのを知って驚きました。

自分の写真から受ける直観的印象をみな書き終えたら、書いたものを見直し、一つ一つの印象について解釈し、その意味を探っていきなさい。自分の書いた印象を、事実というより何かの比喩とみなすと解釈しやすいものです（その例をあとで記します）。

エクササイズを一度終えたら、親しい友人二、三人と、午後か夜の時間をとってくりかえしてみましょう。あなたの愛の旅のサポート・グループがいれば、それにこしたことはありません。（第10章を参照）その場合は各自が自分の写真を一枚持ち寄り、かわるがわる一人一人の写真にたいして印象を述べていきます。


【ある男性のケース】


私の髪は美しい銀色です。自分の手のひらが見えます。まだ大人になりきっていません（＝自分はまだ若いと思います）。目はきりっとして、情熱がこもっています。顔の表情はどこかとまどい気味です（＝葛藤を隠さずオープンに見せています）。それから私の背後に、大きな箱があります。

私は、父が望むような人間――創造的で幸福な人間――になろうとしています。でも本当は、父との関係をいったん断ちたいと思っているのです。自分が本当に求めるものについて、いったん他者の影響をのぞいてシンプルに考えたいのです。父が私に与えようとしている創造性は、他のかたちで自然に出てくるだろうと思います。

たとえ実際はそうでなくても、父には自分のことを幸福そうに見せるようにしておくことが大事だと思っていました。でも、自分の本当の好奇心、怒り、心の混乱などをありのまま表現できていたら、今よりもっと幸せだったでしょう。

写真に映っている大きな箱は、私が父といて隠しつづけたものすべての比喩のように見えます。写真の中の私はおとなしく、幸せそうな仮面をかぶっているためにもろく見えます。

私は、自分をもの静かに見せていなければならなかったのですが、それはつらいことでした。長い間、楽しげで元気な人間の仮面をかぶってきましたが、これからは「手のうちを見せて」もう仮面で自分を隠すのはやめにしようと思います。声もまだ弱々しいかもしれませんが、もうためらいはありません。自分の声ではっきりと話せる人間になりたいと思います。

……検討すべきポイント……

昔の写真を眺めると、あざやかに記憶がよみがえってくるでしょう。そうした記憶は、あなたの魅力的な点をすべて理解していくために役立つ、直観的情報となります。右の例のように、過去についての記憶を呼び起こすこと、そして直観的に得た気づきによって、今のあなたがどんなふうに形づくられてきたかを知ることができます。

ここで知ってほしいのは、あなたの両親あるいは環境からの影響が、あなたの人格にどう取り込まれ、またあなたの行動パターンをどのように形づくってきたかということです。（それらの影響力はあなたにとって、必ずしもプラスになるものではなかったかもしれませんが。）このエクササイズは写真という材料をつうじて、無意識の中にあるものを意識の上にのぼらせ、今後の人生にたいしてのさまざまな選択・決断を助けるためのものです。

ここまでのエクササイズで、自分自身のイメージ、それに他者があなたを見ているイメージについて、以前よりはっきりわかってきたことと思います。そして、これから自分のことをどう表現していったらいいかということも。

今のあなたの言葉づかいや服装は、今のあなた自身や、未来の自分のイメージと一致していますか？もしそうでないなら、いつもの自分や、他者からそう見えているあなたのイメージとは別の面を表現して、それを楽しんでみましょう。そして最も心地よくいられる「新しいあなた」を見つけていきなさい。その新しい「あなた」は、望みどおりの未来のパートナーを引き寄せ、また現在の愛情関係を変えてくれるでしょう。

見知らぬ第三者はあなたにどう反応するか

ここで、あなたが世間一般からどう見られているかについて考えてみましょう。次のエクササイズでは、直観力を使って、あなたが第三者に送っているシグナルについて理解していきます。

●エクササイズ22・第三者となってあなた自身を見てみる●

1・五感のセルフチェックから始めます。心のセンタリングができたら、全感覚を集中して、あなたが第三者となって街で自分に出会う情景をイメージしなさい。その自分を見て、何か気づくことがありますか？　彼女はどんな反応をしてきますか？　その理由は？　彼女の印象をより好感のもてるものにするには、何を変えてあげればいいと思いますか？

2・次に、最近はじめての人と会った初対面での情景を二、三思い出して、あなたがその人に言ったこと、したこと、用いたボディランゲージなどをありありと思い出してみてください。その時のやりとりをより好感のもてるものにするには、どうすればよかったと思いますか？　あなたの考えを書きとめておきましょう。

【ある人のケース】

1・街で出会った私はとても忙しそうで、まるでその場から走り去らんばかりに見えます。目もきょろきょろさせ、話もうわの空で、まるで落ち着きがありません。まるで、見ているほうの私をわざといらいらさせたいかのように、「あなたになんか興味はないわ」とでも言わんばかりに私につっかかって来るようです。

「深呼吸して、ちょっと他人のことにも目を向けてみたら？」とでも言ってあげたほうがよさそうです。

2・先週のパーティーで、一人の老婦人とキッチンで出会ったのですが、私は別の誰かと話に夢中で、彼女に背を向けていました。恥ずかしいせいもあったのですが、私の行為はひどく失礼だったことにいま気づきました。彼女と会話はできないとしても、彼女が私に言葉をかけやすいように、自分のからだを彼女のほうへ向けているイメージを新たに思い描きました。

……検討すべきポイント……

これまでに出会ってきた人で、あなたが相手に感じた第一印象をふり返ってみてください。あなたについて第三者が感じた第一印象を変えるのは大変難しいものです。それは彼らにとって、その後を決めるいわば「スナップ写真」なのです。

では第一印象は正確かといえば、そうとはかぎりません。先の老婦人はおそらく、彼女がただ恥ずかしがりで状況に対処できないという事実とは関係なく、失礼な人だと思ったでしょう。そして、この人が知っている他の失礼な連中の記憶と照らし合わせて、誤った認識で彼女についての印象をつくっていったでしょう。

最初の出会いで自分はどんな「顔」を見せているかに気づけるようになると、あなたはその「顔」と本当の自分との違いに気づき、自分のよい面を見せることができるようになるのです。

古いパターンから脱出する

朝、歯を磨かなかったとか、コーヒーを飲まなかった、あるいは新聞を読まなかったまま家を出たことがありませんか？　そんな日は調子が狂って、なにか落ち着かない感じが続きます。朝、つまり一日の始まりの儀式や行動は、その日の流れに乗っていけるよう、私たちの心を準備させます。

しかし、一定の期間をへた私たちの行動パターンの中には、存在意義がなくなるものもあります。たとえば、三〇年前に終わったはずなのに、当時学校で受けたいじめに耐えて自分の身を「固く」した反応が、今でもよく現われてきたりします。そんなふうに私たちは自分のエネルギーを、もうなんの意味もない、時には有害な方向に費やしていたりします。自分が友だちや恋人でいたいと思う人々をなぜか遠ざけてしまうような人にも、こうした有害なパターンが働いています。

行動や反応のパターンを意識的に変えていけば、あなたは自分の人生を新鮮でもっと楽しいものにしていけます。これまでも本書ではあなたの直観力を通して、過去の経験の意味づけをやり直し、今のあなたの自己イメージを変える方法をご紹介してきました。これまでもあなたの直観力は、未来のビジョンをたえずつくり直し、そのつど目標を設定し直す手助けをしてきたはずです。これからもその力を使って、新たな人生の目標に向かい、新たな生活をつくって、喜びと愛のある生活を実現させていきましょう。

ここまでのプロセスですでにあなたには、自分の人生にたいする見方や、他者があなたをどう見ているかという点で、なんらかの認識の変化が起きているのではないでしょうか。あなたが直観力を通してこれまで得てきた情報から、自分にとっていま最も重要と思われる問題に焦点をあてていきましょう。

先のエクササイズ20「ポジティブな自画像をつくり上げる」の結果からわかった、自分の新しい側面に焦点をあてて、実際に表現していくのもいいでしょう。あるいはもっと前のエクササイズで、直観力を通して過去の重要な出来事や未解決の問題が呼び起こされたかもしれません。その場合も時間をとって、その結果を再検討していけばいいのです。

もう一つ大切なのは本書のはじめで述べたように、毎日必ず、楽しみの時間をつくって喜びの体験を増やしていくことです。お金をかけたり大げさなことをする必要はありません。思いっきりあくびをするとか、花の香りをかいでみたり、雨の音に耳をすましてみることもその一つです。もし喜びの状態を生み出すのが難しければ、あなたなりのちょっとした「愛を招き入れる儀式」を見つけるとよいでしょう(一六四ページ参照)。

日常の中にささやかな違いをつくっていくことで、生活は活性化できるのです。生活のパターンを変えるきっかけはいたる所にあります。その一つ一つが、あなたにいい影響を与えることでしょう。

いつもあなたが雑誌を買っている、角の売店の名前も知らない男性に、試しに微笑みかけてごらんなさい。いつも買い物をする店の店員に、あるいはいつも乗っているバスの運転手にあいさつしてごらんなさい。明るい気分を伝えられれば、まわりの人々の温かな気持ちをもらうことができ、おたがいにとって人生がいくぶんかでも楽しくなるはずです。

自分が心を開き、温かく、受容的になるにはまず恋人を見つけなきゃ、と私たちは考えがちです。でも、今あなたのまわりにいる人たちといい人間関係がもてないのに、未来の恋人とうまくやっていけるはずだと期待するのはどんなものでしょう。

自分のポジティブな面をチャンスに応じて表現する

あなたは本書を読みながら人生のパターンを変えていくにあたって、二つの側面——ポジティブな面に光をあて、ネガティブな面についても情報を集めること——を同時にしてきました。そしてめざす愛のゴールに一歩一歩近づきながら、思い描くパートナーのイメージを明確にしてきました。

前にも書きましたが、あなたはありのままの自分を変える必要はありません。あなたが今おかれている状況にしたがって、自分のパーソナリティーのさまざまな長所を生かしていけばよいのです。望みどおりの相手に近づいてもらうために(あるいは今よりも対等なパートナーになるために)、自分のパーソナリティーの最もポジティブな面にアクセントをおき、伸ばしていきましょう。

ここで、一七七ページのエクササイズ20「ポジティブな自画像をつくり上げる」に戻って、あなたの自己評価と、まわりの人々からの評価をふり返ってみましょう。これから改善するようつとめたり、強調したり、あるいは伸ばしていくべき部分はどこでしょう?

あまり極端に考えつめないようにして、一週間以内の期間で、一度に一つのテーマに焦点をあて、否定的な面をポジティブな面におきかえていく方法、そのチャンスについて考えてみなさい。あなたの笑顔がすばらしいのであれば、来週はいろんな機会に笑顔をみせるよう心がけてください。もし自分の気持ちを隠す傾向があるなら、もっと積極的に意図して自己表現するようにしなさい。

ポジティブな第一印象を相手に与える

自分のパターンを変えていくには、ポジティブな面を強調しましょう。愛する人に、あなたのどの部分をアピールしたらいいと思いますか?(パートナーがいる人なら、今の関係を改善するにはどの部分を伸ばしていけばいいか考えましょう。)

そうした変化は、目をアピールするアイシャドウとか、派手な服を着るといったこと(最初は少しは有効かもしれませんが)よりずっと大きな効果をもたらします。つまり、あなたの行動、パーソナリティー、そして声の質までも変わるようになるということです。

ステップ2(第4章と第5章)で私は、愛のゴールを設定していくうえで、あなた自身だけでなく相手のニーズや欲求をよく考える必要があるとお話しし、「Iモード」(相手の存在になり切る)の練習もご紹介しました。(五四ページ)

次のエクササイズは、相手が好意的に応えてくれるような、あなたのパーソナリティーや行動に光をあてるためのものです。それはひょっとすると、たとえば声の調子を変えるといった単純なことかもしれません。

● エクササイズ 23・理想のパートナーの目から自分を見る ●

まず、五感のセルフチェックからスタートしましょう。それから、深呼吸をして、「自分は理想的な恋人だ」とイメージします――たとえまだ特定の相手に出会っていなくてもかまいません。

相手となる人の要素を心に描いてみてください。心の目で、その理想のパートナーの目をまっすぐ見てください。「Iモード」で相手の立場になって、彼の視点から、あなた自身が彼の「相手」としてそこにいると思ってください。彼の五感を通して、自分を感じとってみるのです。

あなたはどんな香りがしますか？　あなたの姿勢はどんなふうですか？　何を着ていますか？　どんなことをしゃべっていますか？　どんな声で、どんな息づかいをしているでしょう？　今、どんなことを考えていますか？

あなたの理想の恋人は、あなたのパーソナリティやしぐさや行動のどんな面によい反応を示してくれるのかを見つけてください。あなたの全感覚を使って、あなたの理想の恋人が心から求め、尊重し、思いやってくれるのはどんな人なのか、そしてあなたはそんな人になれているのかどうかを、確かめてみてください。

＊「私」の呼吸は、眠った人のそれのようにゆっくりしています。私のにおいはなにか温かい感じ

で、甘ったるいものではなく、香料の香りもきつくありません。

仲間からは離れた所にいますが、一人お高くとまっているわけではありません。細身の黒のタイトスカートにパンプスをはき、一色にまとめてとてもエレガントな着こなしをしています。最初は相手(見ているほうの私)の話しかけに手短に答えます。やがて、あるビルの輝く灯りを指さしながら、二、三週間前に行った場所について話しはじめています……。

*私は静かな心で、自分をとり巻く世界と深くかかわり、さまざまなことを感じます。彼はそんな私にやさしく応えてくれます。私は親しい人々と一緒にいることでみんなから元気をもらい、目立たないやり方で彼らを助けます。そんな私のことが、彼の目からはうらやましいみたいです。

他の人にうまく主導権をわたし、自分の求めるものを角の立たないかたちで得る私の能力を、彼はほめてくれます。私がいつも、ソファーをなでながら話すしぐさがかわいいと言ってくれます。食べ物や着物、唇などを私がさわっているしぐさも。私のちょっと頑固なところもみな受け入れ、愛してくれさえします(まわりにはうまく隠し通しているので、人はそのどれかにつまずいて退却するまで気づきません)。彼の腕の中で私が気持ちよさそうにしているのも好きみたいです。満ち足りて、それでいてとてもはかない存在になった私を。

……検討すべきポイント……

あなたはこのエクササイズから得られたさまざまな客観的な情報によって、今の関係を理想的なものにするには、自分はどんな面を発揮していけばいいのかが分かってきたことと思います。これから数週間、そうした面をアピールすることにつとめてください。自分のさまざまな面の一つ一つを、異なる状況で違う人を相手に試してみるか、それともすべての長所を一人の人にたいして表現してみてもよいでしょう。

くりかえしますが、あなたの本質を変える必要はありません。また、実際のあなた以外の誰かを「演じる」必要もありません。要は、最高の自分を示せるようになることです。その方法は、あなたがめざす愛の目標によって異なります。

いろいろな人々に出会う状況がありそうな時はいつでも、このエクササイズをくりかえしてみてください。次のエクササイズは、あなたがおかれた状況によって、自分のどの面をアピールさせればよいかを知るためのものです。

直観的なひらめきで、直ちに印象を感じとる方法

早く的確に相手に応えることが必要な状況では、あなたの直観力はとくに役立ちます。直観力とは一種のサバイバル・スキルであり、あなたに必要な情報をもたらしてくれます——とくに、計画をたてる時間もなければはっきりした考えも浮かばない時に、それは助けになります。次のエクササイズは、そうした状況でのやりとりに役立ちます。

●エクササイズ24・ポジティブな第一印象をつくる●

今度のパーティーやみんなと会う集まりの場では、自分の達成すべきゴールを決めて心を集中させましょう。たとえば、「部屋の向こう側にいる彼とどうしたらポジティブなつながりをつくれるか」といった単純なことでもけっこうです。

そのことを心にとどめて、ごく短時間、五感のセルフチェックをしなさい。まず最初に、その場で何を感じますか？　その印象を解釈すれば、その出会いをポジティブなものにするには、あなたが自分のどんな点をアピールすればよいかがよくわかるでしょう。

あなたの「ひらめき」は、一つ誤れば難しいものになる状況にたいして、ポジティブに対処していくための知恵やきっかけを得られるよう、あなたを後押ししてくれます。

【ある人のケース】

セルフチェックの間、注意が部屋の中すべてに分散し、無数の考え、今やるべきなのではないかと思ったことで頭の中がいっぱいになりました。一つのことに集中できないのです。しかし直観的に気づきました――自分のエネルギーを使い果たすまいと、この疲労感に抵抗して必死にあがいたりしなくてもいいじゃないか、ということに。

今日の私がめざすのは、初めて会うことになっている、私のボーイフレンドの幼なじみのケビンと仲よくなることです。そこで自分の直観力に、私のどんな面をアピールすれば彼とポジティブに結びつけるか、そしてボーイフレンドとの仲をサポートしてもらえるかを尋ねました。そのアドバイスにしたがって、私は本を手にして、いくぶん控えめにしています。

(結果)

ケビンに会ったとたん、彼に好感をもちました。はじめに三人でちょっと挨拶をかわした後、男どうしの昔話が始まったところで、私は座をはずして本を開き、彼らを二人きりにしてあげました。私には休憩が、二人には一緒の時間が必要でしたから。もし本がなかったとしたら、私は一人でいることができず、楽しいはずの友情の交換に水をさしたかもしれません。

あなたの人生を整理してみる

あなたの人生の検討・整理とパターンの変更は、愛の達成のために欠かせないものです。本書では、あなたの未来の愛についての話をしてきましたが、これは論理で取り組める問題ではありません。そして(もうおわかりでしょうが)、人生のパターンを変えるためには、あなたの無意識や潜在意識にも触れることが必要なのです。

こうした取り組みにとくに適しているのが、私たちの直観力の働きです。次のエクササイズは、この章で扱ってきたテーマをすべて扱い、あなたの人生のパターン変更に必要なものをはっきりさせるためのものです。

●エクササイズ25・心の中の家を整理する●

しばらく、直観力と想像力を働かせて、一軒の家を心にイメージし、五感のすべてを使って思い描いてみてください。そこで出てきたあなたの印象を、絵に描いてみるか、言葉で書いてみましょう。

以下に出てくる質問には、長く考えず直観的に答えてください。そこから得られる印象は最初は意味不明だったり、あなたが考える質問への回答にはなっていないかもしれませんが、それでもかまいません。

順序として、パート1を終えてから2に移ってください（とばして先に行かないように）。

パート1――直観的印象をキャッチする

長い深呼吸をして、五感によるセルフチェックをしなさい。あなたの心、そしてからだのすべての筋肉をリラックスさせましょう。

用意ができたら、心の目で、一軒の家を少し遠くにイメージします。五感のすべてを使って、まわりの情景も含めてできるだけリアルに、細部にいたるまでその家を思い描きます。そして用意ができたら、その家のほうへ歩きはじめましょう。


*家までの距離は？

*どんな服装で、その家を訪れますか？

*何を持っていますか？

*途中、誰かと出会ったり何か起きるでしょうか？　そうしたら、どう対処するでしょうか？

*近づくにつれ、その家がなにか気にいらなく見えたり、最初とどこか違って見えたりするでしょうか？


これからどこを通って家に入るのか、家の中はどんな感じかを見ていきましょう。


*どこから入りますか？　正面玄関、裏口、それとも窓から？

*家の住人は誰かいますか？　彼または彼女は、あなたに挨拶してくれますか？　その人（たち）の名前は？　あなたは彼らに、この家にいてほしいですか？

*家にはいくつ部屋がありますか？　部屋の間取りはどうですか？

*最初に、どの部屋に入りましたか？　そこには誰かいますか？　そこは、何かの記憶を思い出させる場所ですか？

＊家の居心地をもっとよくするとしたら、どこかを変えたいですか？
＊この家のどこが（どんな点が）気に入っていますか？

さて、あなたは、この家に落ちつき、ここにずっと住むことになるかもしれません。その前に、どこか変えたり直したりする必要があるかもしれません。それはどこ（どんな点）ですか？　書き出してごらんなさい。

家はあなたのもので、これからずっと住むことが決まったとしたら、どんな気持ちがしますか？

以上の描写をすべてし終えたら、パート２に移りましょう。

パート２――家のイメージからうけた印象を解釈する

次のガイドラインは、パート１でのあなたのイメージを解釈するためのものです。

＊少し遠くに見えるこの家は、あなたが現在それに向かって進みつつある、愛の生活を表わしています。あなたと家の距離は、愛のゴールまでの距離に比例します。もし遠すぎるようなら、もっと早く近づけるようになるにはどうすべきか、もっと直観力に尋ねるようにしていきましょう。家が比較的近いならば、それはあなたの愛のゴールがそこまで迫っているという現実を示しています。

＊あなたが着ているものは、あとの例でわかるように、あなたがアピールすべきパーソナリ

ティーや態度を表わしています。
＊あなたが持っているものは、相手の愛を呼びよせるために必要なものや情報を表わしています。
＊途中あなたが出会うものはすべて過去の体験に由来する何かであって、愛のゴールに到着するためには、今後それらを意識的に再検討することが必要です。（ただし、もし見知らぬ人と出会ったとしたら、それは将来あなたの友人になる人かもしれません。）
＊近づくにつれ、その家がなにか気にいらなく見えたり、最初とどこか違って見えたりするとしたら、それは自分がめざす愛の目標について、もっと掘り下げていくことが必要だという意味です。
＊あなたがどこからその家に入るかは、あなたが自分の愛のゴールへどうアプローチするか、その方法と、ゴール達成の難易度を表わしています。もし正面玄関からは入りにくいとか、いい感じでないとすれば、今の恋愛がもたらす不安な状況をどう切り抜けるべきか、これまでのエクササイズをふり返って考えてみましょう。
＊もし過去の相手が住んでいるなら、なぜ彼はそこにいるのか、本来はどこにいるべきかを考えなさい。もしその住人があなたの見知らぬ人であれば、それはこれから出会う人かもしれません。
＊家の間取りは、現在あるいは未来の、あなたの愛をめぐる人間関係の配置についての情報です。

＊最初に入った部屋で、ある人や場所のイメージが浮かんできたなら、それは未来のパートナー、あるいは現在のパートナーに関しての何らかのメッセージです。
＊この家で何か変えたい点があるならば、それは愛の目標設定や今の相手との関係について、変えていく必要のある点を象徴しています。

【ある人のケース】

私は大きなドアと窓のある、風通しのいい家にいます。次の瞬間、その家を遠くから眺めていました。家は小さな丘のふもとにあって、子供のころから知っていますが、今のほうがもっと温かく、心ひかれます。本当はその家に住みたくはないと思っていても、いつも心の目に現われるのです。モダンな煉瓦《れんが》と木でできた家で、傾斜のきつい、危なっかしい道路のわきにあります。

身につけている服はソフトで着心地のよいもので、派手ではありません。私自身が発する自然なエネルギー、情熱や喜びをあるがままに表わすうえで邪魔にならないものを身につけたいのです。水筒、スナック、石鹸など、生活のために必要な品を入れたバッグをさげて行きます。自分一人で運ぶので、あまり重くしないようにします。ショルダーバッグかリュックにすれば、手の自由はききます。

旅が始まったとたん、自分が前からすでにそこにいて、かつて知っていた場所に戻っていくかのような感じがします。自分のすがたが若く、生き生きしているうえに、賢くなっているのがわかります。ブルージーンズとTシャツ姿の若いもう一人の自分が向こうに見えますが、日に焼けて、まるで私が結局そこに戻って来るのを知っていたかのように、こちらを眺めています。

家は近づくにつれ、白い色に変わっていきます。明るく鮮やかで金色をした、アラビア調の装飾のあるドアの周囲には、香りのよいぶどうや花々が植えられています。家は思っていたより、奥行きがあるようです。

呼び入れられるように玄関から中に入ると、ほっとした感じに包まれます。とても疲れているのですが、それも玄関ホールの椅子に腰をおろすとすぐ、リラックスした気分に変わっていきます。家は平屋に見えますが、若かったころの私の家がその下にあります。上り階段が見え、そこを上っていくと、ベランダのある部屋がたくさん並んでいます。その部屋のどれかに入って、ベッドに横たわり、窓から入ってくる湿気をふくんだ温かい風を受けて、まどろんでいる自分を感じます。隣の部屋で、子供らが遊んでいるのが聞こえます。みな私の子供なのですが、誰かが面倒をみてくれているので、今は休んでいてもいいのです。

一階から下にあるのはみな私の過去なのですが、全部消え去ってほしいとは思っても、この家にあるものを変えたいとは思いません。

この家のすべてが好きです。私の家族全員が訪れるのを感じます。みんなを受け入れる充分なスペースがあります。

家の一階から下の部分を取り去ってみて、それがただ私の想像の一片だとわかりました。この家は、昔の家(過去)の上に建てられているのではありません。それは、木の上高くに座っている少女

（私）の信念によって建てられたのです。

この家で、成長していきたいと思っています。いつも家族のための憩いの場になってくれる家。今、そんな家を手に入れたいのです。

……検討すべきポイント……

すべての質問に答えられましたか？　どれか抜かしましたか？　また、右の例のように、私が聞かなかった問いにも答えたりしたのではないでしょうか？

ここでの答えはどれも、あなたが愛を探す旅を進むうえでの最も大切な問題を、あなたの直観力がイメージ的に照らし出したものです。

あなたが得た直観的印象を、時間をとって、できるだけ深く解釈するとよいでしょう。相手との関係が変わったら（新たな状況、直観力から得た新たな情報、それに二人のニーズについての直観的情報などがあれば）、再度エクササイズをして結果をふり返ってみるようおすすめします。

今は愛する相手がいない人は、いったん新しい関係が始まったら、エクササイズをやり直し、あなた自身と、二人の「愛の家」との調和をはかるようにしましょう。

ここで家のシンボルを用いたエクササイズをご紹介したのは、あなたに論理的思考より先に、直観力の声を聞いていただくためでした。これまでのエクササイズも、あなたが自分の人生のパターンを変える助けとなる洞察を得るために、直観力を活用してきました。もちろん、論理的で分析的な思考法もまた別の洞察を与えてくれることを忘れないように。

本章を読み終えて、あなたは自分のパーソナリティーや行動、または生活のどんな面を変えたいと思われましたか？　これには、誰にでも共通の答えはありません。あなたの得たさまざまな洞察を、愛の日記に記録していきなさい。

◆

本章であなたは愛を育むために必要な人生のパターン変更に取り組みはじめたわけですが、友人との関係を忘れないようにするのも重要です。直観力は私たちに教えてくれます、「あなたはすべての人、すべてのものとつながっている。あなたがまだ知らない物事、まだ出会っていない人とも」。この「関わり合い」「結びつき」の意識、とくに友人との結びつきは、あなたの人生と成長、そして愛を探す旅を支える、大きな力になってくれます。次章ではそれについてお話ししましょう。

チェックリスト

- 私は毎日の生活に、喜びと愛を感じる状態をつくり出します。
- 私は、自分とまわりの人々についての直観的な情報を受けとり、また自分にふさわしい愛のメッセージをテレパシーで伝える方法を知っています。
- 私は自分が愛に求めているもの、また相手に与えてあげたいものを知っています。
- 私は愛の目標の再確認のため、毎日、積極的に歩みを進めています。
- 私は自分の人生に、新しい愛を受け入れるスペースをつくりはじめました。

● 私は自分の愛情関係をめぐって現われてくる隠れた問題と向き合い、人生の内面的なパターンを積極的に変えていきます。

● **私は自分の人生の外面的なパターンを積極的に変え、直観力その他の方法で、自己を表現し、愛する人と交流する方法をたえず見直します。**

Practical Intuition™ in LOVE

ステップ 4

愛の楽園を見つける *Finding the Garden of Eden*

第9章

友だちや知人との大切な人間関係を再確認する

二度目の交差点――友だちづきあいを温め直す

一六七ページの「愛の旅で初めての、危険な交差点に近づいたとき」で述べましたが、愛を探す旅であなたが最初に出会う心の問題は、新しい男女関係が始まった時や、今の愛情関係にようやく満足を見いだした時に、思いがけなく現われるものです。

それらの問題に気づけるよう自分たちの直観力や意識を磨かないと、しばしば無意識の恐れなどから、期待していた恋をわざわざ妨害してしまったり、本来の望みからかけ離れた方向に向かってしまうことがあります。

そして、やがてさしかかる二番目の問題ですが、愛を探すうちに私たちはよく、自分の意識とエネルギーをすべて愛のゴール達成への努力に投入してしまい、友だちのことを忘れてしまいます。友情を二の次にしてしまうこの傾向は、愛を探す人、またはすでに見つけた人の両方にみられる問題です。

愛が得られない孤独で切実に悩むあまり、私たちは人とのつき合いから身を遠ざけたりしますが、それは自分のことで友人たちに迷惑をかけたくないと思ったりするからです。

ところがその同じ人が、望んでいる愛が得られると、今度は新しくできたパートナーとの「繭《まゆ》」の中に入ってしまい、またしてもまわりの人々と断絶します。これは恋愛関係が始まったころにはごく自然に起きることではありますが、新しい関係に時間と関心を集中させている間も、私たちは友人たちを決して無視しないようにしなければなりません。

恋愛関係と友情とはもちろん違いもありますが、一般に思うほど異なったものではありません。ことに愛する相手が自分の最良の友人であってほしいと思うなら、友だちとの関係は、二人の関係性のスキルを伸ばすための絶好のトレーニングの場です。理想的なパートナーシップを望んでいるなら、友情がもたらす思いやりと喜びのネットワークから離れないこと、また同時に友人関係がもたらす種々の問題点にきっちり対処することは、ともに大切です。

友情を長続きさせるには、恋愛関係と同様、自分のポジティブな面を表現していくことが必要ですし、難しい状況への取り組みも求められます。友だちづきあいが上手でない人は、肝心の恋愛関係でも、同じ面で悩むことになるでしょう。

友情の価値は永続的なもの

多くの科学的研究からは、満足すべき友人関係をもっている人と、愛情関係をもっている人は、ともにそうでない人より長生きし、健康で、困難にくじけない人生を送れることが疑問の余地なく示されています。

もしあなたがまだ深く満足できるような愛情関係に恵まれていないならば、あなたの友人関係はとりわけ貴重なものです。友情はあなたを思いやりある人間関係の中につなぎとめ、また未来のパートナーと愛情関係をつくっていくための準備となります。すでにパートナーのいる人にも、友情関係はさまざまな気づきを与えてくれるでしょう。

よき友情は何十年も、ときには一生涯続き、困難な時期に私たちを支えてくれ、また喜びの時を分かち合ってくれます。友だち関係は、いわば私たちの第二の家族です。彼らは私たちの人生での出来事をともに祝い、悲しみ、見守ってくれます。

私自身にも、それこそ幼稚園時代から現在にいたるまでのさまざまな時代に出会った多くの友人がいます。それぞれの友人の特徴は、その人と知り合った時代の私がもっていた特徴をよく反映しています。しかしどの友人も、私との基本的な共通点をもっています。(たとえば幼稚園時代からの私の親友ジーンは、出会ってから数十年たった今でも私のあこがれの対象であり、多くのすばらしい資質をもった女性です。)

あなたの愛の旅をサポートしてくれる最も心強いもの、それがあなたの友人のネットワークです。もし今のあなたがこれといった友人に恵まれていないと思っているのなら、まわりをよく見回してごらんなさい。あなたの周りには、すぐにでもあなたの友人になってくれ、多くのものをあなたと喜んで分かち合ってくれる人が、必ずいるはずです。

友人関係をつうじて、自分のいろいろな面を育てていこう

あなたのもつ友人の数だけ、そこには異なる友人関係があります。そしてそれぞれの友人関係は、あなたのパーソナリティーのさまざまな面を映し出しています。

恋人やパートナーに、自分のすべての友人のかわりになってくれるよう求めると、多くの場合失敗し、友人たちとの関係も損なわれます。友情は私たちに、恋人やパートナーからでは得られない多くのものを与えてくれ、それによって私たちは、今の恋人にあらゆる役割を演じてもらおうという無理な要求をすることの愚かさに気づきます。

愛情関係でも友情関係でも、私たちはおたがいを一人の個性ある人間として尊敬し、相手の目に映った自分をよく見つめてみなければなりません。

あなたの友人を一人ずつ、心に思い浮かべてください。それから、彼(女)らの一人一人と一緒にいるあなたを、客観的に眺めてみてください。あなたはきっと、一緒にいる友人によって、あなたのパーソナリティーの違った面が表われているのに気づくでしょう。友情関係はそのように私たちのいろいろな面を幅広く引き出し、長期にわたって育ててくれるのです。

友人関係とは習い覚えるべきアート

恋愛関係では「私はがんばっている」「努力してる」という言い方を耳にしますが、なぜか友人との

関係ではめったに使われません。しかし、友人も自分も完全ではありえないのです。友情も他の関係と同じく、山もあれば谷もあります。どんなに長く続いてきた友情も、絶対にゆるぎないということはありえません。恋愛と同じく、無数の落とし穴や疑いや試練にも出会います。

しかし友人間での行き違いは恋人どうしのそれより複雑ではなく、後者の関係ほどまったくの一対一の関係ではないので解決しやすいものです。

さまざまな時期を乗り越えて、どう友情を育てるかを学ぶことは、あなたのこれからの愛情関係での問題解決のためにも役立ちます。（それについては、ステップ5（第11章以降）でお話ししましょう。）

相手の話によく耳を傾けるということ

友人であることの大きな役目はいうまでもなく、相手の話をよく聴いてあげるということです。これはただ、相手の言葉を聞くということではありません。全神経を傾けて、相手が言うことだけでなく、言わないことも聴きとってあげるのです。ここでもあなたの直観力を磨くことによって、今まで気づかなかった（あるいは無視してきた）、相手と自分自身の声を深く聴く力を養うことができます。これは、人を愛するための不可欠なスキルでもあります。

ふだん私たちがやりがちなのは、相手の言うことを頭で判断・分析し、相手の考えがいいか悪いかを決めたり、こちらから解決策を与えたりすることです。男性にはとくにこんな傾向がみられます。しかし理屈で判断したりアドバイスをするのではなく、直観力を使って、相手の身になって深く共感し、ただ、相手のそばにいてあげてください。べつにその場で解決策を言ってもらわなくても、こちらに相手と同じような問題を経験したことがないとしても、本当に自分の話を聴いてくれているとわかるだけで、相手は心を動かされ、支えられていると感じます。

次のような実験を試してみてください。親しい人が何かあなたに告げようとしてきたら、その間、その相手が伝えようとしていることを、あなたの五感のすべてで受けとめてあげてください。また同時に、相手が言えないでいることにも直観的な気づきを向けて、ただ、相手の話をじっと聴くようにしなさい。

これは、誰かとつながりをもつためのいちばん強力なやり方の一つです。相手が友人だろうと初対面の人だろうと、相手の話を深く聴けるなら、あなたは将来、恋人の気持ちをきちんと聴ける人になれるでしょう。そして相手の話に深く耳を傾けられるようになれば、相手も必ず、あなたの話を聴いてくれるのです。

チェックリスト

- 私は毎日の生活に、喜びと愛を感じる状態をつくり出します。
- 私は、自分とまわりの人々についての直観的な情報を受けとり、また自分にふさわしい愛のメッセージをテレパシーで伝える方法を知っています。
- 私は自分が愛に求めているもの、また相手に与えてあげたいものを知っています。

- 私は愛の目標の再確認のため、毎日、積極的に歩みを進めています。
- 私は自分の人生に、新しい愛を受け入れるスペースをつくりはじめました。
- 私は自分の愛情関係をめぐって現われてくる隠れた問題と向き合い、人生の内面的なパターンを積極的に変えていきます。
- 私は自分の人生の外面的なパターンを積極的に変え、直観力その他の方法で、自己を表現し、愛する人と交流する方法をたえず見直します。
- **私は自分の友人関係の価値を再認識し、これからもあらゆる人間関係のスキルを向上させていきます。**

第10章

愛の旅をサポートするネットワークを築く

愛の旅をともにするサポート・グループをつくる

友情とはおたがいを思いやる絆ですが、その友だちが集まって仲間となれば、それはサポート・グループとなり、ともに共通の目標に取り組み、思いやり合い、次のような点で助け合っていけます。

＊グループはさまざまな能力や情報を共有し、あなた一人だけのエネルギーよりはるかに強いパワーをもちます。みんなの知恵や考えに触れられるだけでなく、ネットワークがもたらす相乗効果も生まれます。直観力を分かち合う愛の旅のグループをつくり、そこに加わると、おたがいの耳、肩、抱擁、それから古い部屋着など何でも与え合えるものは与え、また求めるものをグループから受けられるようになります。

＊愛のグループはポジティブで、おたがいに心の滋養をもたらします。また、あなたが人生のパター

ンを変えていく途上で立ちはだかるさまざまな困難と取り組むうえでの、安全な環境となってくれます。そこでは各人が自由に話し、みんなからの支援というフィードバックを受けられます。
＊グループはまた、あなたが他者の話を深く聴くテクニックを練習するのにかっこうの場です。
次のような、グループでのエクササイズを試みてください。

メンバーの一人が何かを話し、他の人は全神経と五感のすべてを使ってその話を深く聴きとります。その後各人は、話し手が何を伝えようとしていたのかを、自分なりに理解したとおり、本人に話してフィードバックします。


グループのメンバーが楽しみと喜びを共有し、みんなのエネルギーがどれほど自分たちの人生によい影響を与えてくれるかがわかってくると、そのグループはますますオープンで相互支援的なものになっていきます。

私はこれまでいろいろなタイプのグループを主宰《しゅさい》し、また参加もしましたが、愛の旅のグループはそのなかでも最も、能力や情報や思いやりを分かち合えるすばらしい仲間でした。

パートナーができても、あなたのサポート・ネットワークは必要です

愛のグループをつくる手段はいろいろあります。たとえば、単純にまわりの友人たちに声をかけたり、あなたが住んでいる地域のお店で掲示板をもっているところに貼り紙をしたり、個人情報誌やイ

ンターネットの掲示板を利用したり、同じ関心をもつ人たちのホームページに参加したり、など。「メンバー」の一人一人がみな、親しい友人でなければならないということはありません。また、男女両方のメンバーがいてももちろんかまいません。

愛のグループでは共通の目標に向かって、各人のエネルギーを活用するだけでなく、あなた自身の目標実現のために、彼女ら一人一人の能力や資質を利用することができます。

ただ、純粋な友人の集まりと同様、やがてあなたが愛のゴールを達成できた(恋愛関係に入ることができた)後も、グループへの参加をすぐにそこで終わりにしたり、活動をやめてしまったりすべきではありません。これは、友だち関係を続けていくのと同じことです。あなたの愛のグループは、これからの人生であなた自身とパートナーとの関係をずっと支えつづけてくれる、すばらしい支援ネットワークになりうるのですから。

「グループ・ダイナミクス」でパワフルな変化を起こす

グループでの経験を通してあなたの能力は強く刺激され、古い行動パターンを新しいものに変えていけるようになります。その結果、愛ある人生への旅の道すじがはっきりするのです。

私の主宰した最初の愛のグループは、教師などいろいろな専門分野で働く人たちの集まりでした。各人はすでにこの本の一連のエクササイズを行なったうえで参加しており、そのうちの二人は努力のかいあって、すでに一定の成果をあげていました。

私はグループを毎回開くときの「儀式」を考えたのですが、それはみんなで輪になり、私がキャンドルをともして左まわりで手渡していくというものです。各人はキャンドルを手にしながら、自分の愛のゴールとそのイメージについて話します。最後の一人がキャンドルを最初の人に戻したところで、私はグループ全員に言います、「私たちはともに愛の旅をゆく家族の輪です。この一晩、おたがいにどう助け合っていけばいいかに心の焦点をあてていきましょう」。

次に、私たちのゴールについて起こりうるさまざまな局面をたがいに推測しあって、直観的印象を分かち合い、これからどんな取り組みが必要かを考えていきました。やがて、先の二人は決して愛の「教師」でも「リーダー」でもないことがわかってきました(みんなは、すでにあるていどの成果をおさめていたこの二人を意識しすぎていたのです)。

それと同時に気づいたのは、私たちが上下関係のない他者からのガイダンスや援助を受けるということに不慣れなため、おたがいにオープンで受容的になるかわりに、いわゆる「先生と生徒」の関係を求めてしまうということでした。そこでグループを建て直し、こうした関係は、将来自分が平等な愛情関係をつくり出すうえでの障害となることを確かめ合ったのでした。グループの中では「生徒」と「先生」という役割はなく、ともに与え合い、おたがいの価値を認め合い、尊敬し合うというつながりがなければならないのです。

日常の役割からいったん離れ、夜だけでもこうした集まりをもつことは、みんなにとって大きな解放の時でした。「先生たち」は「学生たち」から支援を受け、学び、また質問していました。

ある女性(「学生たち」の一人)は、ミーティングの翌週、一一年ぶりにデートをしました！　彼女はその男性を好きでしたが、「これが自分にとって最後のチャンスだ」というふうには感じませんでした。彼女の直観力が働き、この相手とはいい友だちにはなれても、パートナーではないと確信しました。そしてその二週間後、もっと自分のタイプに近い相手とデートをすることになりました。手近の関係にすぐにすがりつくのではなく、自然ななりゆきにまかせることができたのは、彼女にとって初めてのことでした。

別の男性のメンバーはすでにパートナーがおり、しばらく関係を続けていました。とくに彼女のほうは、結婚を考えていました。しかしこの一年で彼は、彼女にだんだん不満を感じるようになり、自分にとって正しい結婚の相手なのかどうかわからなくなっていました。彼女といると楽しく、人間としても大いに尊敬はしているものの、自分の求めるものを彼女から十分に与えてもらってはいないと感じていたのです。

しかしある夜、彼は自分が他者から何かを快く受けとることができない性格で、そのため相手も彼に何かを与えようとするのが難しくなっていることに気づいたのです。彼はエクササイズ23（一九四ページ）を行なって、彼女の視点から彼への気持ちを直観力で感じとって、彼女が自分の幸福を心から願っていてくれることを知り、感動しました。

次の数週間、彼はパートナーにたいして、これまでとは違うかたちで向き合いはじめました。彼女により多くの面で、二人の時間をリードしてもらうようにしたのです。彼が二人の生活を仕切り、「先生」であろうと頑張っていたときよりも、場合に応じてパートナーにゆだねたほうが、おたがいにより よく与え合えることを、彼は発見したのです。

グループ・ミーティングの進め方

グループ・ミーティングは無目的な集まりであってはなりませんが、あまりにも細かく進め方を決めるのも望ましくありません。ミーティングは規則的に、少なくとも月一度は開くのがよいでしょう。そして笑いと微笑みによる良い脳内物質がたくさん分泌されるような雰囲気が必要です。

私はみなさんに、次のようなガイドラインを提案したいと思います――

*ミーティングはまず、おたがいの一体感を高めるような儀式やエクササイズで始め、初参加者がいれば自己紹介を行ない、各人がその時点でいちばん重要に感じていることについて話します。各人の現在の愛のゴール設定について、また前回のミーティング以降どんな出来事があったか、そして今日のミーティングに望むこと(知りたいこと)、など。

*グループのエネルギーが盛り上り、つながりが深まるような楽しい活動をしましょう。マッサージをし合う、手料理を分け合う、おしゃべり、ダンス、歌、レストランや映画に出かけるなど、何でもけっこうです。

*その日のミーティングでやることを決めましょう。本書のエクササイズをやってみたり、または家族や友人との心の問題を解き放つ(手放す)練習をするなど、そのグループ独自のエクササイズをつくってみるのもいいでしょう。

＊ミーティングの最後には、しめくくりのワークをしましょう。各人がグループの全員にたいして愛の（修正された）目標をあらためて宣言したり、またおたがいにたいして今後の予測や愛のシンボル（九九ページ参照）のアイディアを教えてあげたり、感想や意見を話し合う、など。

以上はたんなるガイドラインですから、他にもさまざまなアイディアを試してみるとよいでしょう。さまざまな「儀式」を取り入れることはグループの結束を強めます。

次に、あるグループのミーティングの進め方をご紹介しましょう。

【ある人のケース】

私たちのグループは毎月、満月の夜に集まります（「その月の最終の土曜日」といった集まり方よりずっと自然でロマンティックだと思います）。

このグループの始まりは、愛のワークショップの参加者数人が、終了後も続けて会いたいと思ったのがきっかけでした。始まってからは、メンバーが他の友人も連れてくるようになりました。

毎回、各人は他のメンバーが未来の愛を見つけ育てていけるようにと、みんなへのちょっとした象徴的なプレゼントを用意します。たとえばある人は、ハート型の石鹸と、朝の入浴時にする儀式のアイディアを書いたものを持参しました。

また、ある人はきれいな布地を用意し、一針一針が未来のパートナーを現実に連れてくる力になるとイメージしながら枕を縫い上げていくようアドバイスしてくれました。彼女はこのワークを始める記念にといって、コットンとジャスミンの花をみんなにくれました。このワークはそれから一ヵ月かけて、各人にとって愛を象徴するいろいろな物を枕の詰めものに加えていき、枕を縫いあげていくというものでした。最後の一針を縫う特定の時を定め、みんなの願いがそれぞれ一斉にできあがるようにしたのです。

二、三のメンバーは、発足以来小グループを組んで毎回参加していますし、また、ふつうはしないことなのですが、ある男性は二人の関係をよりよくする目的で、自分のパートナーを連れてきたことがあります。これも男性のメンバーですが、おもしろい儀式を紹介してくれました。次の集まりに靴の箱をもってくるようみんなに言って、自分はのりとアイスキャンディーの棒、小さなハケと絵の具をもってきました。みんなでその箱を使ってそれぞれの「愛の巣」を作り、翌月までにいろいろとその家に加えていくという試みです。おそらくそれが効いたのか、メンバーの二人はなんとその同じ月に恋仲になりました!

時々、みんなへのプレゼントをもってくる人もいます。ある人は籠《かご》入りのセクシーな果物を、またある人は各人のために、愛の歌がいろいろ入ったテープをくれました。グループが大きくなるにつれ、昔からのメンバーはさまざまな儀式をとり行なう役になりました。時には、みんなの気分によって、臨時のグループ・リーダーを決めることもあります。

直観力によるリーディング

愛のサポート・グループの効果を高める方法に「リーディング」(おたがいの内面を直観的に読み取るワーク)があります。メンバーはペアになり、一対一で相手を直観的にリーディングし合うか、一人のメンバーにたいして全員がリーディングを試みます(グループ・リーディング)。

まず、一対一でのリーディングのやり方を紹介しましょう。

本書では第2章「直観力を働かせるには」以降、直観力をどう用いるかを扱ってきたので、あなたが自分のためにリーディングするコツはかなりつかんでこられた事でしょう。他の誰かのリーディングをする場合も、共通点は多くあります。

まず、五感のセルフチェックから始め、自分の全感覚を意識していきます。それから、相手から得た情報をもとに、その人の過去、現在、そして未来にいたる愛のストーリーを想像していきます。その人のこれからをイメージして、選択肢や代替案が直観的に提案できるなら、できるだけ多く話してあげ、愛のシナリオをより良いものに書きかえていくにはどんなステップをふむべきか、いろいろアイディアをあげるとよいでしょう。

リーディングがあなたの心にもたらす情報だけでなく、相手から返ってくる質問の一つ一つにたいしても、自分が直観的にまずどんな印象をもつかに注目してください。それから、いったん自分が感じた印象を頭に入れたうえで、はじめて相手の質問に答えましょう。

相手に伝えるアイディアや提案はできるだけ明確に、とくに名前や(日にちなどの)数字をまじえて描写的に伝えなさい。あなたの直観力で得た、相手の愛についてのイメージやシンボルも、相手にわかるように「翻訳」して伝えます。たとえば、「枝に葉が一枚もなくなった冬の樹木」というイメージがわいたら、彼女の状況は行くところまで行けば、新しい芽を出す時がくるといった表現に直して伝えてあげればいいのです。

誰かのリーディングをしていて、あなたが受けた直観的印象が意味不明なものである場合もあるでしょう。だからといって、その情報が無意味だと考えるのは間違いです。とくに親しい人のリーディングをしている時、私たちの無意識は知りたくないことや、知らないほうがよいことから自分を守るために、時々、情報にヴェールをかけることがあります。また、あなたにとって特別な意味が感じられなくても、あなたの言った言葉あるいはイメージに相手のほうが何かを見いだすという場合もあります。

相手への話は、自分ですべてを伝えきったと感じられるまで続けなさい。話が終わったら、相手はリーディングの間あなたが指摘したポイントについて、より意味を明らかにしようと質問してくるかもしれません。流れをさまたげなければ、リーディング中でも相手からの質問を受けてかまいません。

しかし望ましいのは、相手にあなたへの質問事項を書きとめておいてもらい、リーディングが終わるのを待って質問してもらうことです。たいていの場合、あなたはその質問に答えられるはずです。

たまに、最初の印象はその後の直観的印象が加わると変わることがあります。たとえば、リーディングの対象者から「ジムとうまくやっていくにはどうしたらいいでしょう?」と聞かれたとして、あなたの最初の勘では、ジムのほうが彼女に関心をなくしているのではないか、と感じるかもしれません。

しかし直観力を働かせつづけていくと、彼の仕事が大変すぎるという問題があって、二人の時間が全然つくれないという不満を彼女のほうが抱いているという点が見えてきます。もし彼女が真剣にジムとの関係を深めたいなら、あなたの直観力は、たとえば二人の仕事のやり方をどう変えれば関係がよくなるかについてヒントを与えてくれるでしょう。

相手にはつねにポジティブな情報を与えなさい

リーディング中は、相手にとってプラスになる情報を相手に与えることをめざしましょう。決めつけをしたり、すぐには役にたたない情報を相手に伝えても、本人のゴール達成には役立ちません。まして、あなたの印象が間違っていることも起こりえます。状況がポジティブに進むという直観を得たなら、いろいろ判断を下さずに、その印象をたんに話してあげるのがいちばんいいのです。

リーディングをする時は、的確な言葉を使うようにとくに注意を払いましょう。あなたの得た直観的印象を、相手を元気づけるようなポジティブな調子で話しなさい。もしあなたが最初に得た直観的情報が、相手を動揺させたり、助けにならないようなものに思えたら、しばし再考しなさい。

たとえば、私がリーディングした結果、相手はうまく行っていると思っている関係で、直観的に破局を感じとったことがありました。この情報をそのまま伝えることをせず、私はこう考え直したのです——

＊この破局をこれから引き起こしそうな原因は何か。
＊彼女(リーディングの相手)がそれを食いとめられる手立てはあるか。

もし関係の解消が望ましいと思われたら(本人はまだそうとは気づいていなくても)、私の新たな問いかけはこうです――

＊この破局によって、彼女が得るメリットは何か。

こうした点をすばやく自分の直観力に尋ね直した結果を、私は自分なりの言葉でこうまとめました。

「あなたがたの関係には、距離が生まれてきてるようですね。その原因はあなたが話していた、昨年一二月の出来事に端を発したコミュニケーションの破綻にあります。これからは、コミュニケーションをうながす親密な機会をふやすこと、一緒に映画や芝居を見に行くとか、音楽を聴きに行ったりすることが大事だと思います。もしこれから二人の関係に大きな距離ができてしまったとしても、それはあなたがずっと求めてきたようなつながりを、新しい人とつくっていくための機会になるでしょう。相手の名はひょっとしたら、『リチャード』かもしれません」

「一一月に、あなたはたぶんバケーションか何かで、温かい場所にいるでしょう。これから日々の生活をもっと楽しくして、グループの仲間や友だちと出かけるといいでしょう。ここ二、三カ月、何かやってみようと思っているものがありますね。たぶん、昔から得意としていることだと思いますが、ぜひそれを始めてみるといいと思いますよ」

愛情関係のリーディングでは、大いに機転をきかせデリカシーをもって応えなければならない状況がよく生じます。

たとえば、相手がパートナーとの関係から、およそ不可能な結果を引き出そうと奮闘しているのが見えてしまったりします。最もいいのは、相手がパートナーとの関係で必死になりすぎないようにしてあげることです。かわりに、彼女が相手との関係にすがりつかずに、もっと自分自身を尊重できるような建設的な行動をしていけるよう助言してあげなさい。

最後になりますが、リーディングの始めには相手の人に、自分は間違うこともあり、いちばん大事なのは本人が自分自身の直観力や認識力や洞察力を伸ばしていくことだと、注意を促してあげます。

グループ・リーディング

グループ・リーディングは一人のメンバーにたいして全員がリーディングを行なうものですが、基本は一対一のリーディングとあまり変わりません。

まず「ターゲット」となる人は、輪になったグループの中央にペンと紙(テープレコーダーでも可)をもって座り、アドバイスやガイダンスを受けたい事項を書いておきます。たとえば、休暇をどこで過ごすかという件でのパートナーとの不一致をどう解決するかといった問題など、本人がその時の自分に役立ちそうな情報を得るための、さまざまな質問のリストです。

次に、彼女はその質問をグループに読み上げますが、そのさいあまり細かい状況説明をしないようにします。これはみんなが回答するのに、直観力よりも論理に頼ってしまうのを避けるためです。

メンバーはみな、五感のセルフチェックをしてから、直観力で得られた印象や情報を輪の真中にいる相手に自由に伝えます。おたがいに補い合い、他のメンバーの情報をフォローしたりしましょう。別の人のエネルギーとの共鳴で、あなたの強力な直観的認識力が引き出されることもあるかもしれません。

グループの大きさしだいですが、セルフチェックはせいぜい一分以内、一人の行なうリーディングは三分から五分が適当です。直観力の情報は瞬時に訪れますから、それをあまり長々と解釈して伝えないほうがよいのです。しかし相手へ伝えるべき印象や情報が多くあって、すべてを伝えきれない場合は、メモにして後で渡してあげるようにしてください。

しばらくして、今度は当人からグループのメンバーに、いま聞いたことへの質問を返します。答えのためのリーディングを行なうと、グループの人たちが得る直観的印象は、一見おたがいに矛盾しているかもしれませんが、自分の直観力に集中しなさい。各人の得るさまざまな情報は、同じコインの表裏の関係かもしれないのです。

他者のリーディングは信頼できるのか?

私たちはすでに自分の直観力を信じられるようになっているかもしれませんが、第三者のリーディングをどれほど信頼できるか、まだ確信のもてない人もいるでしょう。

友人やグループのメンバーの直観力の明晰さをテストする方法として、答えがわかっている質問をしてみるというやり方があります。ただし、メンバーが答えのわかっている質問に正しくない回答をしたからといって、その人のリーディングがすべて間違いとは言えません。あなたのことをリーディングする人たちは、めいめい違った角度から、あなたの人生をそれなりに明晰に見ている可能性が高いのです。

封筒を使ったリーディングの技法

グループのメンバーは、誰もが均等なリーディングの能力をもっているとはかぎりません。とくにできたばかりのグループでは、自分のことをあまりオープンにするのをためらうメンバーもいます。そうした状況で使えるテクニックとして、次のような方法があります。これは、自分自身のためにも使えるものです。

ターゲットとなる人の質問を、封筒に入れて封をします。この場合メンバーは、本人の背景についての直接的な手がかりがないので、純粋に直観力によるリーディングを行なうことになります。リーディングする人は質問の入った封筒を手にもち、当人に自分の得た直観的印象を伝えてあげます。ついでターゲットとなった人は、確認のためその人に質問を返します。メンバー全員の直観的印象が出つくしたあと、彼女ははじめて封筒を開き、得られた洞察や情報の確認を行ないます。

このテクニックはいろいろな形に応用できます。たとえば、各メンバーは自分がみんなに質問したいことを紙に書いて、自分だけにわかる目印をつけて封筒に封をし、他のメンバーと交換していきます。各人は、自分の手にした封筒が誰のものかを特定できない状態でリーディングを行ない、自分の左隣りにいる人がリーディングで得られたその直観的印象を記録していきます。最後にみんなで封筒を開き、自分の目印のシンボルを見せ合って、自分の情報を受けとります。

インターネット上の愛のサポート・グループ

通信テクノロジーの変化は世の中のあらゆる面で起きています。とくにインターネットの世界では、コミュニケーションのために実名や顔を見せることが不要なので、愛のサポート・グループとして用いるとユニークな公開討論の場となります。

インターネット上でもプライバシーに関する配慮は必要です。適切な注意を払って、興味本位などはっきりしない動機をもつ人をさけ、定期的に会合できるバーチャル・グループをつくればいいでしょう。みんなにチャット(発言・おしゃべり)してもらうためのホームページや投稿用の掲示板を設置することもできます。

インターネットを利用したグループづくりの有利な点は、自分の名前(もちろん本名でなくても可)以外には自分の背景が知られなくてすむところです。先の封筒のやり方と同じく、頼みにする背景的な情報がないため、人々はより直観的に発言せざるをえません。もう一つの利点は、インターネット上では必ずしも自分の本名を明かさなくてもいいので、みんなが率直になれるという点です。

友人の支援やサポート・グループの力を得てあなたは、人生のさまざまな面でのパターン変更に積極的に取り組みはじめたことと思います。そして、本書を読みはじめた時点よりは、もう旅のプロセスが前進している人もいるでしょう。

そこで次章からは、あなたに実際に恋人ができたなら、その後どんなことが起こりうるかを考えてみましょう。そこで出てくるあなた個人の問題に加えて、あなたとパートナーの間に起きるかもしれない対立や衝突についても、その対処についてお話しする必要があります。これは、すでに愛情関係にある人や、恋人以外での人間関係にとっても同じく重要な課題になります。

チェックリスト

- 私は毎日の生活に、喜びと愛を感じる状態をつくり出します。
- 私は、自分とまわりの人々についての直観的な情報を受けとり、また自分にふさわしい愛のメッセージをテレパシーで伝える方法を知っています。
- 私は自分が愛に求めているもの、また相手に与えてあげたいものを知っています。
- 私は愛の目標の再確認のため、毎日、積極的に歩みを進めています。
- 私は自分の人生に、新しい愛を受け入れるスペースをつくりはじめました。
- 私は自分の愛情関係をめぐって現われてくる隠れた問題と向き合い、人生の内面的なパターンを積極的に変えていきます。

- 私は自分の人生の外面的なパターンを積極的に変え、直観力その他の方法で、自己を表現し、愛する人と交流する方法をたえず見直します。
- 私は自分の友人関係の価値を再認識し、これからもあらゆる人間関係のスキルを向上させていきます。
- **私は愛を探す旅で、私の力になってくれるサポート・ネットワークを広げていきます。**

Practical Intuition™ in LOVE

ステップ 5

愛の楽園を育てる

Caring for Your Garden (Thorns and All)

第11章 愛情関係をうまく行かせるスキル

問題点を話し合う

これまでは、友情をはじめとする人間関係の大切さと、彼らの支援をかりてあなたの人生のパターンをつくり直し、人間関係のスキルを伸ばしていくことについて触れました。

あなたがこれまでのステップを踏んできたなら、すでに相手とデートをする段階になっているかもしれません。また、本書を読みはじめた時点ですでに誰かと真剣につき合っていたなら、その愛情関係はよりポジティブな進展をみていることでしょう。

しかしながら友情関係と同じく、将来の愛情関係にもさまざまな問題や困難はやってきます。ここでは、それらへの取り組みについて考えてみましょう。

愛情関係をめぐる試練に立ち向かうには

誰かと愛する関係になっていくと、そこで多くのすばらしい体験ができるのはもちろんですが、関係が進んでいくと、二人がよく話し合わないと解決できないような問題も出てきます。その中には、二人の関係の外でもち上がってくる問題もあります。たとえばパートナーの仕事上の大きな変化といったものがそれです。あるいは、大きな病気にかかる場合。また逆に、うれしい子供の誕生などです。こうした問題は、必ずしもマイナスの影響を及ぼすものではありません。とはいえ、二人にたいして大きな力をおよぼし、関係を左右することがあります。

しかし外面から訪れるさまざまな試練は、パートナーどうしがうまく内面の問題に取り組めば解決可能です。そのための四つの処方箋《しょほうせん》を、次にあげてみました。

1・パートナーに今の自分の考えや思いだけでなく、求めていること（ニーズ）や希望もきちんと伝えられるようになる

良いコミュニケーションとは、ただものをはっきり言うだけでなく、パートナーが理解でき、応えたい気持ちになるようなやり方で伝えるということです。たとえば、相手が自分の話を聴いてくれていないと感じたら、聴きたくなるように伝えることです。自分のニーズを正しく表現して双方が不快にならないようにするのは、必ずしも簡単ではありません。

「私のことをぜんぜんわかってくれない」という言葉は、本当は「あなたは私のニーズや期待をまだ満たしてくれていない」というふうに伝えるべきなのです。

2・パートナーのニーズも聞き、理解できるようになる

これには二一四ページで述べた、相手の話を深く聴くというスキルが必要です。また、パートナーは自分のニーズをはっきり言えないかもしれないので、ことの重大さに関係なく相手の意図を察してあげる力がいります。（五四ページでご紹介した「Iモード」を使って、直観力で相手の存在になりきってください。）

3・いさかい、誤解、失望を解決できるようになる

これは、「あなたはこう言った、私はこう言った」というやりとり以上のコミュニケーション・スキルです。進んで相手と向き合い、最も望ましいところで折り合いをつけることが必要になります。他の問題への対処と同じく、あなたはパートナーの心に敏感でなければなりません。

また愛の目標設定（第4章・第5章）のところでも触れましたが、二人の関係性が欠けるところのないものになり、永続していくためには、おたがいが相手のニーズだけでなく自分の無意識の（いまだ満たされていない）ニーズにも気づいている必要があります。

4・本来の自分を否定せず、「カップルとしての二人」を受け入れていけるようになる

それぞれのパートナーはおたがいのベースを認めながら、二人で共有するゾーンを見つける必要があります。これはつまり、「二人の健全な境界線を維持する」ということです。そのためにはおたがいが、自分が心から楽しめる喜びの源をもっていることが必要です。これについては本書の始めから一貫して強調してきました。

愛情関係に入る前から自分がもっていた趣味や活動をあきらめてしまったなら、(相手のためにそうしたのであっても)やがて表面に現われない不和のもとになります。

まず私たちは、自分がいつのまにか払っていた犠牲(彼のためにそうしていた)のことで、相手をだんだん恨めしく思うようになります。やがてパートナーは、あなたが最初に恋におちた人とは別人のようにしか見えなくなってしまうのです! 二人の健全な境界を保つことはとても大切なので、本書の最後のステップ(第12章)でもくわしく述べようと思います。男女関係で本来の自分を失わないためには、もちろん友人関係も大事にすることが必要です。

愛情関係に入ったあなたが出会う問題はもちろんこの他にもありますが、この四つはやはり欠かせないハードルです。

真実を伝えることは何より大切――相手に率直に聞き、また耳を傾けなさい

人はおたがいのニーズや考えを率直に伝え合うことがどれほど大切なことかを、忘れてしまうことがあります。友人や恋人にもっとちゃんと応えてほしいと思うなら、本書のさまざまなエクササイズで行なってきたように、直観力をフルに生かして問題を処理すればいいのです。

もちろん、だからといってあなたの気持ちや、二人の関係を変えていく必要性を相手とじかに話し合うことをなおざりにしてはいけません。私の友人に、相手に辛辣《しんらつ》で手厳しい調子でアドバイスする、あまりよくない癖のある女性がいました。いつもその調子で相手を傷つけるので、私はついにそのことを彼女に直接言うことにしました。二人の友情のポジティブな面を強調しながら、私の心が傷つきやすくなっている時には、話し方に気をつかってほしいとはっきり言いました。

今では彼女は、いつでも私のニーズにぴったり合わせて応えてくれる親友になりました。この変化は彼女にとって、決して重荷ではありませんでした。本来愛情深い彼女が、より心やさしいやり方で友人を助けてあげる秘訣を知ったことは、本人にとっても大きな助けになったのでした。そうして彼女の他の友人たちも、彼女の親切さをあらためて認識したのです。

この点については、二二七ページの「相手にはつねにポジティブな情報を与えなさい」を読み返してください。

男女のコミュニケーションの難しさ

男女間のコミュニケーションに関する本や雑誌記事は無数にあります。社会学者や人類学者の中には、話しことばの性差は男女の対話で誤解を生むもとになっていると考えている人もいます。

ただし、そうした人たちはみな、コミュニケーションというものを理想化して扱っています。彼らは、人はみな明確なメッセージを発しているのに、聞き手のほうがその意図をかってに歪めたり誤解したりしていると見なしています。しかし現実のコミュニケーションでは、人が発するメッセージは必ずしも明確なものではなく、話し手が意図していることを正確に理解している人はほとんどいません。多くの人は、そもそも自分が本当に伝えたいことが何なのかさえ、わかっていないのです。『不思議の国のアリス』には、「自分が考えていることなんて、口で言ってみるまでぜんぜんわからないわ！」とアリスがぼやく場面があります。これは私たちにもあてはまります。たとえば腹が立っているのに、その理由が自分でわからない時があります。しかしこうした感情を口に出すなら、それは聞き手の感情的反応を簡単に引き起こし、激しい口論に発展しかねません。

あなたもこれまでに、自分の微妙な感情をパートナーに不適切な言葉で伝えて誤解され、後悔したことが何度もあったでしょう。あるいは、自分が言いたいことも、相手への言い方もわかっているのに、向こうがどう反応するかわからなかったりする場合。また、当の相手が目の前にいなかったり、あるいは実際に会ったこともないような場合もあるかもしれません！　しかしテレパシーを使うことができれば、こうした状況でも対話を続けることは不可能ではありません。

コミュニケーションの三つのレベル

人間関係には三つのレベルがあります。意識的、無意識的、そして直観的レベルです。

意識的レベルとは、私たちの日常的な人間関係です。彼がふざけ屋で、あなたがまじめな性格でも、おたがいのめざす目標が近いならば、二人はたがいに認め合い、違いがあっても一緒に有意義な人生を築けるという信念がもてます。そして二人の関係の向上を最優先にして、おたがい努力します。

無意識のレベルは、私たち個人の自分史を形づくっており、それは男女関係の中で二人がそれぞれ演じる役割のもとになります。また、自分の中に本当はあるのに見いだせないでいる資質をパートナーに「投影」するという現象も、このレベルから起こります。(たくましく、頼れる彼／弱く、頼りない私)相手は実際にそのような資質をもっているかもしれませんし、もっていないかもしれません。私たちはふつうこのレベルには気づいていませんが、それは知覚や行動のすべてに影響してきます。

そして第三の、直観レベルのコミュニケーションは、じつは私たちにとって最も身近なものなのですが、やはりその存在や影響力はほとんど知られていません。これはあなたとパートナーとの間を、言葉を介さずにたえず行き来している思考、感情、それにイメージから成っているレベルです。

あなたの直観力は、パートナーの求めていること、あるいは怒りの理由をちゃんと知っているのです。そして彼の表向きの顔でない本当の顔、さらには彼がそうなりたがっている、彼なりの「理想の自分」のことまでも。

受けとり方の違いが原因で起きる誤解

私たちの感覚(とくに味覚など)、価値感、生育歴、ものの見方は一人一人違っています。

同じ微笑でも、ある人にとっては友情を感じても、別の人には誘惑的に思えるかもしれません。威厳ある雰囲気はある女性の目には堂々として見えても、異性蔑視ととる女性もいます。私には決して忘れられない出来事があります。私の弟が店である女性のためにドアを開けてあげたのですが、相手はそれを女性蔑視的なやり方ととって「何でそんなことするんです」と言ったのです。

また私の生徒の一人のことですが、恋人が自分にセクシャルな関心を失ったらしいのだがどうしたらいいか、と尋ねてきました。彼女の体重は過去二、三ヵ月で増えており、そのせいだと思っていました。恋人の愛がそれほど浅かったなんてと考え、彼女は深く傷ついていました。

しかし直観力によるエクササイズをしていった結果、彼女は、自分が彼の仕事の問題に関心をもっていなかったことに気づきました。彼のほうは、彼女が自分のことを尊重してくれなくなっていると感じていたのです。彼女は自分の態度を変えていこうと努力し、やがてそれは功を奏しました。二人はおたがいの言葉を間違って受けとっていたために、疎遠になりつつあったのです。

相手と上手にコミュニケーションしたいなら、私たちはその人のバックグラウンドや状況をよく理解していなければなりません。次のエクササイズは、あなたの恋人(または友人)の認識のしかたの違いについて知り、あなたのニーズや関心、そして愛情を表現するよりよいやり方を探っていくためのものです。

● エクササイズ26・すれちがいの体験を再現する ●

恋心を感じながら、思ったようにはうまくいかなかった人と最後にかわした対話を思い出してください。そのやりとりのあった瞬間を、全感覚を使って再現しなさい。そのやりとりが、あたかも今ここで起きていると感じられるまで続けなさい。

次に、相手の立場になってその状況を五感のすべてで再現してみなさい。その人が感じているものを感じ、見ている情景を見、考えていることを考えていきなさい。彼の側の受けとり方ややりとりの様子に意識を向けて、あなたの印象を記録しなさい。

【ある人のケース】

彼は疲れて、怒りっぽく、落ち込んでいますが、二人の間では自分はまったく大丈夫だと思いたがっているように感じます。彼は怒りを表に出しますが、そうなった責任が自分にあるとは思っていません。そして私が彼に示してほしいと望んでいる感情や応え方をいっさい示さずに、閉じこもっているのです。それにたいして私も黙りこみ、コミュニケーションをやめるのがいつものパターンなのですが、これでは二人のため、また自分のためにも不健全です。

彼は私との関係を失いたくないと思っていますが、私は彼の中にとりこまれてしまうのは嫌なのです。彼には、私自身の人生をちゃんと認めてほしいと思います。たとえば私が友人と出かけたりすることや、彼とは無関係な分野での関心や活動といったことです。

彼は、怒りにわれを忘れてしまう前に自分の行動パターンの流れを変えることが必要です。このままではまるで、私に出て行くよう仕向けているのと変わりません。しかし私のほうが彼からみて攻撃的な態度に出ると（私は愛情をもって何事もかくさずに接しているつもりなのですが）、彼はまた閉じこもってしまいます。

そんな時、彼の頭をそっとなでてあげたり、彼の好きなものを買ってくるといったやり方で、いつも相手に気をつかってばかりいる自分が心の目に見えてきます。私には、今の二人の状態をすっかり変えなければならないという思いを手放す必要があります。ごく自然に良い方向に行くようにするやり方を見つけなくては、と思います。

私には、自分が本当に求めていること、必要なことをはっきりさせ、いずれ彼に知らせることが必要です。すぐにでも話し合いたい私ですが、そうした時には彼はとくに逃げ腰になります。

これからは自分の愛のゴールの原点に戻り、相手にはやさしい気持ちを向けながらも、二人の関係だけでなく自分自身に心の焦点を合わせるようにします。すると彼はかえってリラックスし、一ヵ月ほどで二人の間にはまたポジティブなエネルギーが戻ってくるでしょう。

……検討すべきポイント……

「雌のガチョウが好きなソースを雄が好きだとはかぎらない」ということわざがあります。あなたの発する言葉、表現するニーズや期待感を相手がどう受けとるかという点に注意と直観力を集中すれば、あなたは今よりもっと有効なコミュニケーションと関わり合いを築いていくことができます。

直観力から展望が開け、新たな選択肢が得られる

恋愛関係にあるか片思いの関係で、二人の間でよく誤解が生じるのは、相手の言葉や行動をあまりにも自分自身のパーソナリティーにそって解釈してしまうからです。そのため私たちは、向こうが必ずしもそうは意図していなかったような意味づけをしてしまうことになります。直観的印象や情報をもっと増やしていけば、私たちの限られた視野も広がります。

あなたの直観力はたんに現在や過去についての情報をもたらすだけでなく、あなたの過去の体験を今のより幅広い視点から再現し、再評価することにも役立ちます。

高校時代に戻って、当時のあなたの恋人がこれから郷里を離れて、遠くの大学に行ってしまうという状況を想像してみてください。彼への執着があり、直観的な視野のない当時のあなたは、自分なんてどうでもいい存在で、見捨てられたと感じていたかもしれません。そしてその恐れは、その後のあなたの人間関係にも影を落としてきたのです。

直観力はあなたがおかれた状況や見えない動機などについての、より広く、客観的な視野を与えてくれます。先の状況で現在のあなたが直観力を働かせれば、あなたのボーイフレンドが逃げ出したかったのは彼自身の田舎での生活からであって、あなたからではないことに気づくでしょう。

これはあなたに、新たな選択肢を与えてくれます。今のあなたがティーンエイジャーだとしたら、傷ついて怒っているだけの自分をかかえこむだけではなく、ボーイフレンドの求めているものを思い

やり、助ける姿勢を見せられるでしょう。

このように、大人としてのあなたがこの新しい見方で過去をふり返れば、かつて自分が抱いていた「見捨てられることへの恐れ」の原因を知り、愛する人とのこれからの関係に支障をきたさないようにできるはずです。

無意識が「動かしようのない事実」としてたくわえてきた過去の出来事を、直観力によって再解釈することで、私たちは新しい結論を導き出し、人生のシナリオを書きかえていけるのです。

直観力で視野を広げることは混乱をも生む

直観力で相手の立場を見通せることが、実際には私たちにマイナスに作用する場合もあります。たとえば、直観力で自分がパートナーのものの見方と一体化した結果、自分自身のニーズやアイデンティティーを見失ってしまう場合です。あるいは、相手が自分の存在に関心を示していることを直観的に察知し、それを「彼は私に恋しているのでは」と混同する場合もあります。また直観力は将来をも見通せるため、未来の可能性と目先の現実とを取り違えやすくもなります。

パートナーの利己的だったり意地悪な面が全部わかれば、おそらく相手とは別れるでしょう。また、パートナーがいつ間違いをしでかすのか全部予測できれば、尊敬の念などなくしてしまうでしょう。逆に、相手のすばらしい面が全部わかれば、何よりも彼を大事に思えるでしょう。

私たちは直観力によって得られる視野を、パートナーと自分自身を尊重し思いやれるほうへと意識的に広げていくべきです。そうして得たおたがいを思いやる力は、純粋でパワフルなものです。なぜなら、相手への愛が盲目的なものではなく、深い智慧《ちえ》に支えられているからです。このプロセスはあなたとパートナーの間にだけ生まれるものであり、他の人で簡単におきかえられるものではないユニークなものです。

直観力を通してのみ、私たちはこのような愛に至れます。それはあなたが、他者の目や経験を通してものを見、また彼らが見るように自分を眺めることができるようになるからです。

他者の経験や価値観をじかに知る力を育てれば、あなたは相手とより深いレベルでつながれるようになります。直観力によってあなたは、愛する人の内面をこれまでになくパーソナルで親密なかたちで知ることができるようになるでしょう。

磨かれない直観力による「誤診」のケース

直観力は、あなたの意識上の目標をさえぎる場合もあります。前にもお話ししたように、直観力は意識下で導かれる、善悪の価値判断とかかわりのないピュアな力です。その力はたえず水面下で働いて、気づいていようといまいとあなたに情報を流しつづけています。

問題なのは、あなたが直観力の利用に習熟するまでは、その「情報」がどこから来るのか、何を告げているのかはっきりしないことがよくある点です。あなたの理性が話しかけている時に直観力が別の情報を(あなたの知らない間に)運んでくる時は、混乱が生じることになります。

たとえば、今あなたが、ある男性と出会って恋愛関係に入ろうとしているとします。ところがあなたの直観力は、彼が繊細な人ではなく、どちらかと言えばがさつな男だと言っています。もしここであなたが潔癖症の女性だとしたら、直観力はあなたの無意識に、彼を振ってしまうよう働きかけ、あなたの意識的な心もそれは正しいと考えるでしょう。

しかし、この結末は不運なものかもしれません――彼のだらしなさを、あなたは受け入れてつき合っていけたかもしれないからです。本当に彼のそうした面のために、あなたが関心をなくしたのであれば仕方がないのですが……。磨かれない(意識化されない)直観力は、今のあなたの男女関係に支障をもたらすこともあるのです。

ある夜、あなたはパートナーにたいして非難や怒りの気持ちを抱きながら、それを見まいとしてやさしく振舞っているとします。かりにあなたが自分の否定的な気持ちを意識していないとしても、相手は直観的に察知します。あなたの奥にある怒りを感じて、彼はあなたの表向きのやさしさに無愛想に応え、いら立ちと自己弁護の気持ちからきつく当たってくるかもしれません。こうした事態ではコミュニケーションは壊れ、混乱が起きます。

自分の直観力と意識的につき合わなければ、あなたの行動の選択肢は広がるどころかかえって狭まります。怒りを感じたら、隠さずに伝え、まず問題をはっきりさせることが必要だと相手に伝えればいいのです。もし自分の怒りの気持ちに気づいていなくても、それは相手の反応でわかります。そうした相手の反応に感情的に反発するかわりに、ある距離をおき、今起きている事態を直観的に読みとるのです。そのうえで、相手に落ち着いた対応をすればいいのです。

たとえば、自分の気持ちに反してまで「いい人」を演じるのでなく、パートナーにはもっとはげしく情熱的に接して、直観力から得たものをフルに生かしなさい。（情熱と怒りの中枢は、脳の同じ場所に位置しています。）

あるいは見方を変えて、自分自身に次のような直観的質問をします。「今、彼にとって必要なものを与えてあげ、自分の分も得るには、どうアプローチすればいいだろう？」と。おたがいにとって必要なものが意識的にはわからなくても、その問いかけへの答えはやってきます。

パートナーの心になり、彼の中で何が起きているかわかれば、彼の反応を無防備に受けとめなくてすみます。かわりに直観力で、どう彼に接すればいちばんいいか、どんな言葉やジェスチャーを示せば彼からポジティブな反応を得られるか、情報を求めればいいのです。直接その場面に対処したり、彼を鎮《しず》めることができるとは思えなかったら、会社で残業するなど何でもいいですから一時的に距離をおいて、全面的な衝突が起きるのを避ければいいでしょう。

無意識の期待感は、大きな失望を生みます

私たちは誰でも、他者から自分の価値を認め支えてほしいものですが、その点で自分の恋人やパートナーだけによりかかると、大きな失望を生むことになります。自分の価値への一〇〇パーセントの評価をあまりに求め合うと、結局双方に不満が残ります。自分の心にてらして必ずしも本当とは感じられないことを、相手にたいして一〇〇パーセント求めるというのはそもそも無理です。

こうした価値の保証の求め合いというのは、もとはといえば自分の価値が自分で信じられないから起きるのですが、そうであればたとえ恋人であっても、相手の価値を一〇〇パーセント信じられるかどうかは疑問です。自分でつくることができない自分の価値を、相手から「与えて」もらおうとすれば、失望に終わるのは当然です。

失望が最も大きくなるのは、自分が望んでもいないものが相手から返ってくる時です。ある人がかつてこう言いました、「人間関係の技術とは、自分の期待感をコントロールできる技術だ」と。まさにそのとおりです！

相手に一方的な期待をすることの問題点は、その期待の多くを、私たちがちゃんと言葉にして相手に伝えないことです。たとえば、あなたが彼に、「毎週何か一つは、すてきなものを買ってきてほしい。べつに大きなものでなくても、高いものでなくても、愛してくれているしるしになるものが……」と思っているとします。しかし、その期待を彼にまったく言っていないのなら問題が起こります。相手には知るよしもないその期待感のまわりを堂々めぐりし、「私のことをほんとに愛してるなら、毎週花をとどけてくれるはずなのに」とか、「毎日電話してくれるはずなのに」などと思いつづけます。

こうした一方的な期待感のもう一つの問題点は、相手の心（ときには自分の無意識）について、気づいていない場合が多いという点です。これはとくに恋愛関係にある人にいえることです。誰にでも、若いころからもっているロマンティックな夢（つまりは期待感のパターン）というのがあります。

これまでの関係でなぜ失望させられたのかを知りたいと思うなら、自分の期待感（夢）の中身を知る必要があります。当然このことは、あなたとつき合うパートナーの側にも求められます。相手が言葉にしない無意識のものを含めて、彼の期待感について知る方法が必要です。

自分が愛されているかどうかを知るには?

二人の関係で味わう最大の失望とはおそらく、自分が愛されていないのではないかという思いでしょう。愛の感じ方は人によって異なります。しかし私たちはよく、愛する気持ちを言葉では表わせないとき行動やしぐさで表現することもあるので、そうした愛の表現に鈍感にならないようにすることが大切です。

それではどうすれば、自分が愛されていることに敏感になれるのでしょう?

私たちはこの問題を意識して考えることはめったにありません。だからこそ、愛されていないのではないかという失望をどんどんかかえこんでいき、関係を修復できないくらいに損ねてしまうことがあるのです。次のエクササイズはあなたが自分の期待感について知り、相手の愛を確かめることに役立つでしょう。

●エクササイズ27・彼は私を愛している?　愛していない?●

自分が誰かから確かに愛されていたと思えた時や、恋をしていた時をふり返って、一つのトピックを一〇行以内ぐらいで書いてみてください。

次に、それを眺めながら、あなたが愛されていると感じた時の相手の行動やしぐさを、細部にわたって思い起こしてみてください。説明しにくいような要素もあるかもしれませんが、やってみてください。

人が誰かから愛されていると感ずるのは、自分が一〇〇パーセント相手に受け入れられていると感じる時です。相手のどんな言葉や態度やしぐさがあなたにそう感じさせてくれたのか、その手がかりや根拠をはっきり知るのは難しいものです。しかしそれができなければ、あなたの愛の思い出はたんなる幻想の世界での自己満足になってしまいます。

次のような文章のパターンを頭において書いてみると、あなたが彼との関係で大切にし、また期待しているものが浮き彫りになってきます。

＊私を愛してくれる人は、いつも〇〇だ／〇〇してくれる
＊私を愛してくれる人は、決して〇〇ではない／〇〇しない
＊自分が恋をしているとわかるのは、自分が〇〇な時／〇〇している時だ
＊彼が私を愛しているのは、〇〇だからだ
＊彼が私を愛していないのは、〇〇だからだ

【例1】

自分の存在が彼の幸せにとって絶対に欠かせないと感じられる時、私は愛されていると実感できます。それは、自分の心もからだも魂もその人から必要とされていると感じる時です。私という人間の最善の部分を見てくれ、彼自身のニーズや欲求を超えて、私のことを考えいたわってくれる人。そんな彼が、私には必要です。

彼といる時のほうが一人で過ごす時よりずっとすばらしい時、私は自分が恋をしていると感じます。彼を見て、やさしい気持ちにひたれます。容貌、知性、それに人格で私よりすぐれた彼は、私には必要な人です。二人だけになる時は必ずとはいわないまでも、身心ともに彼を求めることがあります。二人でこれから築こうとしているものが何なのか、私は知っています。

【例2】

これまでの自分の恋の記憶をたどっていくと、愛した彼が世界を相手に活躍していたその様子に魅せられたのを覚えています。彼のさしのべた手をとって、彼と一緒に新たな経験をしたいと思っていました。彼が自分の夢を話すその力強さを見て、恋におちました。その話に耳を傾け、彼の考えていること、知っていることのすべてを知りたいと思った時、自分は恋をしているんだと実感しました。

彼のことを大事に思っているのは私だけなんだ、と自覚して、それが恋心だと感じました。彼は尊敬すべき人であり、彼のことを思いやるのは私の生きがいです。将来への同じビジョンを彼と抱けると信じられる時、愛を感じます。恋をしている時は、彼と身心ともに一つになりたいという強い願いがわいてきます。

【例3】

過去、私が愛されていると感じたのは、パートナーが私と一夜を過ごしてくれ、女性として私のどんなところが魅力的なのかを彼がささやいてくれた時です。眠りから目覚め、彼が私を見つめていたり、髪をなでてくれているのに気づく時、自分は愛されているんだと感じられました。

あるいは、自分のいないところで彼が私のことを弁護して話していたと聞かされた時や、ちょっとした事(大きな問題ではもちろんですが)でも彼が私の意見を求める時もそうです。また私がソックスの片方をなくした時さがしてくれるとか、食事に塩分をとりすぎるといった何気ないことで注意してくれる時、自分は愛されていると実感しました。

……**検討すべきポイント**……

現在、つき合う相手がいない人には、このエクササイズは次の三つの点で意味があります。第一に、あなたが探している愛のかたちが一層はっきりしてきます。第二に、あなたの近くにいてあなたを愛してくれている人が誰か、そしてその理由を知ることができます。そして三つ目は、自分自身への愛の表わし方を学べます。

特定の人とつき合っていなかったころ、私は毎週自分のために花を買っていました。誰もそうしてくれないからといって、こうしたささやかな喜びもなしで生活するのは、自分を不必要にないがしろにしているように感じたからです。

愛の示し方は、人により男女によりさまざまです。愛情関係にある人は相手にも右のような文章やリストを書いてもらい、それを見せてもらうとうれしい驚きがあるでしょう。そこに書かれていることが相手にとってなぜ自分への愛につながるかをよく理解し、あなた自身もパートナーへの愛の示し方の参考にしてみてください。

私はよくパートナーと長い時間、彼にとって自分が愛されていると感じたり、また逆に愛されていないと感じたりするのはどんな時かについて話しました。彼の見方はじつに面白いものでした。

彼が愛されていると感じるのは、私がいやだと感じている彼の振舞いをどうにかして直させようとしてくる時であり、逆に愛されていないと感じるのは、私が彼を批判するような時でした。不思議にも一見同じような行為が、自分が愛されているかどうかについて正反対の感じを彼に抱かせていたのです。

直観力を働かせて失望を乗りきる

どんな男女関係にも、失望の時は必ずあるものです。それに気づかないと、おたがいがその失望感のとりこになり、関係をだめにしてしまいます。

浴室の床に脱ぎっぱなしの彼のソックスは、ある意味では彼のあなたへの愛と安心のしるしかもしれませんが、それはあなたにとっては、自分が子供のころから誰にも大事にされなかったという思いをつのらせる、不満の種になるかもしれません。

彼が大きな花束(あなたのために、夕方公園で一時間もかけて摘《つ》んだ花)をかかえてあなたのところに来ても、あなたは「なんでもっとふつうのやり方ができないのよ」と怒るだけかもしれません。

二人のドラマティックな約束で始まった関係も、いろいろな失望が重なっていった結果、ついには苦々しい終りを迎えるものです。二人の間に生まれた失望と向かい合い、一つ一つ解決していかないかぎり、関係はむしばまれます。

しかし失望も幻滅も、本当は二人のよりよい関係への成長と変化への力となりうるのです。自分が抱いていたどんな期待が失望に変わってしまったのかをはっきりさせ、今までの非現実的な期待を手放すことで、二人はもっと成熟した関係を育てていけます。

期待への失望について話し合う最良のタイミングはそれが起きた時ですが、必ずしもおたがいのプラスになるような方向で話し合えるとはかぎりません。その件でもともと持っていた期待(そして失望)があまりに大きければ、冷静に話し合うことは無理かもしれません。また、何度も議論し合ったことであれば、おたがいの視点や行動を変える必要性について考えるのもうんざりでしょう。

次のエクササイズは、失望を二人の関係の修復につなげるのに役立つはずです。全文を一度読んでから始めてください。

●エクササイズ28・失望を乗り越える●

紙とペンを用意し、座るか、横になるかしてください。目は、メモの時以外は閉じていてください。

あなたが彼との関係で味わった失望について、無意識が知らせてくることに耳を傾けなさい。その意味するところが即座にわからなくてもかまいませんから、無意識の底からよみがえってくる記憶や思い出を意識しなさい。

それが終わったら、五感のセルフチェックをしなさい。それから、自分が味わったその失望がどうすれば(どうなれば)癒されるか、あなたの直観力に尋ねていってください。直観力による印象が自分の助けになることを信じ、得られた情報は何でも書き出しなさい。エクササイズが終わった後、その意味がだんだんわかってくることでしょう。

エクササイズをしていくうち、今の二人の関係には癒しが必要だということに気づくかもしれません。もしそうなら、そのためにはどんな行動や心の通じ合いが必要か、その答えを直観力から得るようにつとめてください。(その間、あなたは相手の心の状態をテレパシー的に直接経験できるかもしれません。)

【ある人のケース】

ある夜の思い出ですが、ロジャーはそっけなく「おやすみ。愛してるよ」と私に言い、すぐに電気を消しました。孤独感におそわれます。かつては私のほうへ身を寄せてきたのに……。

エクササイズをしていくうち、まだ十代だったころ、ある親友に別の友だちができて、私のいないところで二人だけの秘密をもつようになった時の思い出がよみがえってきました。私は傷つき、怒りました。彼女をとても信用していたのに。

けれど私の直観力が教えてきたのは、「ロジャーにはもっと休養が必要だ」ということでした。彼は働きすぎて疲れているのでしょうが、そのせいか私が慰めを求めても応じてくれないので、最近面白くないのです。

この傷を癒すのには、彼が私への愛をもっと伝えてくれるようになり、彼の態度は私を淋しくさせるということをちゃんと知らせなければならないと感じました。

イメージの中で、二人はベッドでたがいの足先をふれあった写真を撮ります。また別の場面では、私は本を読んでいて、彼のほうはノートパソコンに向かっています。でも二人は一緒で、心は寄り添っています。彼は腰の手術を受けたばかりなので、楽になるように椅子に枕をはさんであげます。

彼は山のような仕事から離れられませんが、二人の気持ちがつながっているのを感じます。

イメージの中で私の直観力は、当時の友だちにからかわれても気にせず、自分の涙を見せてしまってもかまわないと言ってきます。そこで私が感情を隠さず彼女にぶつけると、彼女は当惑しているように見えます。

子供のように泣いている自分を友だちに見せるというこのイメージの中で気づいたのですが、おそらく当時の彼女は、私が傷ついているとは知らなかったのでしょう。彼女は、なぜ私が彼女らの遊びに入ってこなかったのか理解できないでいたのです。そんなふうに私は、よく他者に拒絶されていると感じ、不必要に自分の中に閉じこもりがちだったことに気づきました。

ロジャーには自分が傷ついて淋しいという気持ちと、二人の間がうまくいっている時のイメージをテレパシーで送ることにします。かつて見せてくれた情熱で、彼の腕に抱きとめてほしいと思います。私が頼んでそうしてもらうのでなく、彼自身の気持ちから行動してもらいたいのです。彼がこのメッセージを受けとってくれますように。

……検討すべきポイント……

このエクササイズであなたの中に入ってきた印象や情報は、過去にあなたが大きな失望を味わった体験の記憶(あるいはその時に考えたこと)にまつわるものかもしれません。実際はその記憶は誤りかもしれないのですが、右の人のケースのように、それは私たちのその後の人生に影響してきます。

潜在意識には、私たちの記憶が正確なものかどうか判断する力がありませんから、いったんしまわれた記憶はどんなものであれ、その後の行動に影響を及ぼします。たとえば、もしあなたが「あの人は私にはずっと不親切だった」と思っていれば、彼が実際にひどい人だったのかどうかとは関係なく、その人のことを考えるたびに彼の不親切さばかりが思い出されてくるのです。

過去の出来事について抱いている無意識の印象を意識化することは、その印象(記憶・情報)が正しいか間違っているかをとわず大切です。私たちの考え、感情、そして行動はみなその過去の印象にもとづいて生まれたものなのですから。

失望がもたらした二人の間の断絶を癒すために、相手に今どんなことを伝えねばならないかを直観力でとらえ、今度相手とコミュニケーションをとる時に生かしていくことが必要です。

困難や怒りを愛の情熱に変化させる

未解決の失望はしばしば怒りに変わり、さらには対立に発展します。対立は二人の間に緊張感をもたらし、エネルギーを生みます。しかしもしこの緊張感とエネルギーを建設的な方向に向けられるなら、それらはかえって二人の関係を変える力になるかもしれません。しかし一方、この二つの力がブロックされたままだと、破壊的な結果が考えられます。

あなたが恋人やパートナーと対立して緊張状態になり、二人の関係は終わりだと思えたものの、最終的にはむしろ二人の絆は深まったという経験がきっとあるでしょう。引力なしには、私たちは地上に生きられません。緊張感——たがいに引っ張り合う力は、私たちの人間関係をはじめとして、この世界に必要不可欠な要素なのです。

ただし、二人の関係で緊張を感じたまさにその瞬間は、過剰反応をしてはいけないいちばん難しい時です。それはやみくもに反応するのではなく、思慮深く行動しなくてはならない、とても大切な瞬間なのです。

反射的に(怒りや恐れから)相手に反応すると、昔からのあなたの無意識なパターンを二人の関係に持ち込んでしまうことになります。そして、相手の無意識のパターンとのマイナスのからみ合いが始まります。つまり、自分の恋人やパートナーをいじめたり困らせたりすることで、子供時代からの無意識の不満を解消しようとするゲームをくりかえしてしまうのです。

たとえば、あなたの恋人が最近全然あなたに関心を払ってくれないとします。あなたは家族の末っ子で、兄や姉は何でもあなたよりずっとうまくこなしてきた(とあなたは思っていた)とします。子供時代のあなたの解決策は、いつもみんなに反発しては注意を引くというものでした。過去の体験に根ざすこの反発の姿勢から、あなたは恋人と行ったパーティーの席で、(まわりに無視されたくないがために)なぜかまったく場違いな振舞いをしでかすかもしれないのです。

いっぽう彼は家族の一人息子として、妹たちの面倒を見させられ、それが嫌でならなかったという過去をもっているとします。彼があなたを好きな理由の一つは、あなたが自分のことも世間のこともよくわかっていて、落ち着いているように見えたからです。それがパーティーでまったく人が変わったような振舞いをした時、彼はあなたに失望し、かつて妹たちにそうしたのと同じく、怒りで応えるでしょう。

あなたはパーティーの席で、昔ながらのやり方でみんなの注意を自分に向けさせられたかもしれませんが、ずっといい関係でいられたはずの二人のシナリオを、わざわざこじれさせてしまう結果に終わります。

二人の関係で失望し、淋しさを味わっている時、私たちは過去からの(愛や関心が得られない悲しみからの)反発や対立のシナリオにはまりこみやすくなります。そんな時は、別の選択肢だってあるということを意識してください。あなたが望む彼との関係は積極的な関わり合いであって、対立的なものではないはずです。

次のエクササイズは、緊張や対立の解消のためにすぐに使えるテクニックです。相手に反発しそうな、不快でさし迫った気持ちになった時はいつでも使ってみてください。

● エクササイズ29・しばし立ち止まって考える ●

二人の間で緊張を感じたら、次のような問いかけを自分にしてごらんなさい。

＊二人の間に起きている緊張関係(引っ張り合う力)を、おたがいの絆を深めるようなポジティブな方向へ変えるためには、どんなことを相手に伝える必要があるか。

＊二人のいまの関係を変える「化学反応」を起こすには何があれば(何をすれば)いいか。たとえば、夕食後散歩をしながら話してみるとか、議論の最中に彼に何か飲みものをもってきてあげる、など。

＊自分の心にあるこの緊張は、問題の解決に向かう力となりうるのではないか。

こうした質問はたんなるガイドです。あなたの直観力を働かせていけば、さらに的を射た問いかけや答えが、必ずやってくるでしょう。

【ある男性のケース】

彼女との関係で、私はまさに死に向かいつつあるような状態にいました。彼女の愛が日に日に薄れていくように見え、いら立ちと強い心の緊迫感を感じました。

沈んで、腹立たしい気持ちで彼女の相手をしている自分の緊迫感を見つめた時、直観的にさまざまな情報が押し寄せてきて、彼女のほうのいら立ちは、私たちの生活が始まった当時の夢をもう忘れていたという、私自身の問題によるものだと気づきました。

私のほうのいら立ちや緊張は、私が二人の関係以外のところでもっと人生を楽しみたいと思っていたために起きたのだとわかりました。そうであれば、二人の関係を変化させるために必要なのは、ふだんの当たり前の生活の中で二人がともに楽しみを見いだせるようにすることです。彼女から一方的に与えてもらおうと期待していたことも、このいら立ちと失望につながっていました。

私はあるアイディアを思いついて、仕事を早く切り上げ、花と彼女の好きな食べ物を買い、それに彼女が見たいと思っていたビデオを買ってきました。彼女には、家で二人ですることがあるから、今日はまっすぐ帰ってきてほしいと伝えました。

そういう遠回しな言い方をしたのは、「今日はびっくりするプレゼントがあるよ」などと伝えたなら、彼女は私に気をつかって、（全然そういう気分でもないのに）やさしく振舞おうと演技してしまうのではないかと直観的に感じたからです。プレゼントをビデオにしたのもそのためです。「今夜は時間をとって、二人一緒に過ごしたいんだ」というメッセージを伝えたかったのです。

ビデオを見終わったその夜は、二人が感じていた多くの心の痛みを全部出し合うのに必要なだけ泣き、本当にいろいろ話をして過ごしました。私が腹を立てていると思った時、彼女は自分が非難されているように思って引きこもっていたのですが、私のほうではまさに彼女のその振舞いが腹立たしかったのです。これからは、そんな時には直接話しかけてほしいと彼女に頼みました。

……検討すべきポイント……

たとえ二人の関係が順調であっても、心の流れは時々とどこおることがあります。そんな時には、ものの見方や振舞いを少し変えるだけでも、二人の関係には大きな変化となり、コミュニケーションや許し、それに親密さへの扉を開く力になります。もし、多くの問題に手をつけないまま放置すれば、二人の関係はその重圧にたえかねて、やがて壊れてしまうでしょう。

しかしこうした困難は、それを乗り越える働きかけさえあれば、かえって関係を強める機会になります。骨折の箇所はしっかり手当てすれば、かえって丈夫になるものです。これは、男女関係についても言えることです。

テレパシーによる対話（テレパシック・ダイアローグ）

誰かに大切なことを言いたい——彼をデートに誘いたい、隣人に文句を言いたいなど——けれど、相手は何と言うかわからないので悩んだことはありませんか？　誰にでも覚えがあるでしょう。そうした状況では私たちはよく、台詞の練習をする俳優のように、電話をとる前に言うべきことをくりかえします。時には目をつむって、相手がどう応えるか一所懸命想像します。

ここでお話しする、テレパシーによる対話（テレパシック・ダイアローグ）もこれと似ていますが、たんなる想像上の対話との違いは、メッセージを実際に送るという点です。これはただのリハーサルや練習ではありません。

もう一つの違いは、テレパシーによる対話では、あなたは自分と相手の双方になり切るという点です。このやり方はある意味で、テレパシーと「Ｉモード」（五四ページ参照）の組み合わせと言えます。テレパシーは考えや気持ちの送受信であるのにたいして、Ｉモードは相手の考えや気持ちを、相手の立場になり切って感じるというやり方です。

テレパシーによる対話では、相手と実際に対面することなくコミュニケートし、メッセージを送ります。そして、相手と向かい合って話した時、彼がどう反応するかを予測し、彼の話を前もって〝聞く〟ことができます。とくに相手が今、あなたと話したがらない状態にある時は、この方法は助けになります。それによって、相手のニーズを知り、自分のニーズを伝える最良の方法を知ることができます。

このやり方はまた、自分の本当の気持ちを探るのにも用いることができます。また無意識のレベルに触れ、自分のパーソナリティーのいろいろな面とコミュニケートできるようになります。

そして恋人以外でも、あなたがそばにいたいと思う人たちとのコミュニケーションや問題解決の能力を伸ばしてくれます。今、特定の人に心惹かれていなくても、あなたはテレパシーによる対話によって、友人や未来のパートナーとの間に横たわる問題を処理できるはずです。

とくにメモをとらずにテレパシーによる対話ができる人もいるでしょうが、できればノートやテープレコーダーを使って、どんな問題がどのように解決できたかを記録しておきましょう。これは将来の関係にとっても参考になります。

テレパシーによる対話の四つの例

テレパシーによる対話は、愛する人とのいろんな状況で使えます。また、あなたの知人やこれから会う予定の人、それに自分自身(これがいちばん強力な効果を生むかもしれません)など、いろいろな人にも応用できます。たとえば——

【例1】(妻とのコミュニケーションをはかる)

長い一日の仕事の後で、自分の帰りが待たれていると思えるような、彼女の支えがほしい。だが私の心に返ってくる彼女の反応は、「私はみんなから必要とされている。子供たちからも、友だちからも、それに、あなたからも」というものだ。彼女は、私の要求はさらなる重荷であり、もうこれ以上耐えられないと感じているようだ。

しかしその一方で、彼女は淋しく思っているようだ。かつて夕べにワイングラスを傾けながら、人生や芸術、それに世界情勢のことまで語り合った二人はどこに行ってしまったのだろうと。すぐにはどう応えていいか私にはわからないが、妻、それに母親としてしか彼女のことを見ていなかったことに気づく。

今夜時間をとってゆっくり語り合いたいと、彼女の心に伝えよう。家事をちゃんとこなしていないと私から非難されているように彼女は感じて、傷ついているのがわかる。だから一緒の時間をつくることが、今の二人にはいちばん大切だと早く伝えたい。彼女にこのメッセージをテレパシーで送りつづけ、今夜家に戻ったら言葉ではっきり伝えよう。

【例2】（別れた女性とのコミュニケーションをはかる）

五感のセルフチェックをしてみて、自分がすごく疲れているのを感じます。肩がひどくこり、何となくうつろな感じがしています。アパートの暗さを感じます。でも今日、昔の親友と会う約束をしたうれしさも感じています。頭がかゆくて、掻《か》くと楽になります。いろんな問題の解決が、みなそんなふうに簡単だといいのに。

直観力による対話を始めると、ジェーンの怒りは鎮《しず》まり、気持ちがとても落ち込んでいるのがわかります。彼女はこれからどうすればいいか、誰に助言や慰めを求めたらいいかわかっていません。体調も悪く、最近は泣いてばかりいるようです。いろんなことへの失望が、彼女の頭の中でごっちゃになっています。どちらが先に声をかけるか、直観力に聞いてみる必要があります。

するとの「どうして出て行ったの」と言う声が聞こえてきます。「私はあなたにあんなにつくしたのに、それでも足りなかったの?」

私は直観力に再び尋ねます――彼女が私の言うことに耳を貸してくれ、二人の関係がもとに戻るようにするにはどうすべきかを。そして答えを得た私は、五感のすべてを使って彼女にメッセージを送ります。「ごらん、ぼくはまだここにいるよ。探さなくったっていいんだ。ぼくの心はまだ君のものなのに、君にはまだ足りないものがあるのかい?」

彼女の返事を感じます――「女としての私にあなたが与えてくれたものだけじゃなく、もっと別のもの――人間としての親切心や誠実さ、友情といったものを、私は望んでいたわ。そして今も待ち望んでいるの。私たちを縛ってきた状態からどうすれば自由になれるか、二人ともわからなかったのね。私を傷つけても、何にも得るところはないのよ」

彼女は本当は、私のことが今でも必要だと思っているのです。そう思っていないとしたら、このメッセージはただ私を傷つけるためのものにすぎません。

静かに座って、直観力からのガイダンスを求めます。足元の確かさ、力を感じてきます。彼女が私の近くに来たいなら、私は彼女のためにここにいると、テレパシーで再びメッセージを送ります。

「安らぎに向かいなさい」という、なにか宗教的な言葉が聞こえてきたので、それを彼女に心をこめて送ります。二人の心がともに痛んでいる今、この「安らぎに向かいなさい」という言葉こそ、彼女のことを思うたびに送ってあげるべきものだと気づきました。

彼女は今、「この怒りを手放すには、自分の中の大切なものを捨てないようにする必要がある」と感じています。彼女が必要としているものを取り戻していくイメージが、私には見えます。そこでもう一度、彼女に「安らぎに向かいなさい」というメッセージを送ります。すると、私がまだここにいるかどうか彼女が知りたがっているという、強い直観的印象を受けました。

私には、新たな友情へのドアを開く自分のイメージが見えます。

【例3】（未来のパートナーにメッセージを送る）

私には海と山のイメージが見えていて、この男性はその間のあたりに暮らしています。彼の家には広いスペースがありますが、そこを埋める人がいません。彼はあまり感情を外には出さずに、忙しい人生を送ってきた人です。年齢は四十代の後半です。

彼は自分の感情を表わすためには、誰かと愛情関係をもち、そこで自分の感情を安定させなければならないと思っています。私はまず何よりも相手の気持ちを受け入れようと決めていますが、彼は誰かの愛を求めるのは自分には難しいと思っているので、私への呼びかけがすぐにあるとは思えません。これは彼が人生に失望しているということではありませんが、ただ、すぐに誰かの愛を得る可能性はないと思っているようです。

私は彼に、「あなたのところへ行きたいの」というメッセージを送ります。同時に、「私がやって来るという希望や期待で、あなたの家にあるスペースをいっぱいにしていてほしい」という思いも加えます。（ここで、私の訪問時は六月がいいという直観がひらめきました。）彼はまだ自分のほうからは動きだせないようなので、私が彼の生活のガイドとなり、彼の人生にも家にも、エネルギーと活気を吹き込みたいと思います。

心の目に、何枚かの絵が見えてきます。それらの絵は、彼と何か関係があるようです。また彼は何かの音に感動して、その音の源に引きつけられていくのがわかります。彼はすぐに、私の存在に気づくでしょう。むしろ私が彼を見つけるよりも、早いかもしれません。

彼は進んで、私の心の中の怪物と戦ってくれると言ってくれています。彼はその戦いに勝利をおさめて、私を安心させたいと思っています。彼はその退治した怪物を、二人の家の下に埋めて葬ろうと言っています。

【例4】（自分の中の隠された自己＝無意識の自己と話す）

私の注意が、自分の「心」と「頭」（理性）に向いているのがわかります。頭には怒りがあって、その怒りは私の心と、日々のいやな物事に向けられています。心は頭から遠ざかって、自分の傷つきやすさを守ろうとしています。

私は心に向かって、頭はあなたのことを支配してはいないのだから、自信をもって立ちあがるように励ますのですが、心の返事は、「ここでは天井が低すぎてとても立てません」と言っています。私は別の解決法を探すことにします。

やがて心が呼吸を始め、その音があまりに大きくて頭にも響いてくるほどです。頭にたいして、心にもっとスペースをあげなさいと求めます。心が不在だと空虚に感じるので、心の存在をもっと広げてあげたいのです。頭は、「私と同じように心があなたを守るのに役立つのなら、スペースをゆずってもいい」と答えます。

それにたいして心は、「彼女の守り方がよくわからない」と答えます。すると頭は心に向かって、「いつも彼女の願望や、彼女がまだ知りもしないこと、それに他人の生活なんかに首をつっこんでばかりいないで、からだの中にちゃんととどまって、彼女にパワーを送りなさい」と諭《さと》します。次に場面が変わり、自分が幼児になって鏡の前でお遊戯《ゆうぎ》をしている姿が見えます。誰かに見てもらいたくてしかたがないのに、実際誰かの前に立つと、ひどく自意識過剰になります。

私の心と頭の関係も同じです。まだ未熟で弱く、外部から注目されるのに慣れていないため、実際注目(集中)された時は逃げ出したくなるのです。私は自分の心に、安心して私の中にとどまるようメッセージを送って、誰かに見つめられたって心配しなくていいんだよ、と言ってあげます。

……検討すべきポイント……

あなたが恋人やパートナーとテレパシーによる対話を試みる時は、五感のすべてを使ってメッセージを送り、また受け取るようにしてください。やがて、二人の間に変化が起きてくるのに気づくでしょう。

前にも強調しましたが、テレパシーはマインド・コントロールではありません。相手をあなたの価値観や考えに従わせることはできませんし、そうするべきではありません。テレパシーとは、相手が理解し受け入れられるようなメッセージを、直観力によって送る能力なのです。

テレパシーによる対話によって、あなたの態度や反応の仕方は、愛する人のそれとシンクロするでしょう。この技法を学ぶのは、二人の間の失望や誤解を癒し、調和をもたらすためなのだということを忘れないようにしてください。

◆

本書での私たちの旅も、終わりに近づいてきました。望んでいた愛をあなたがすでに得たのであれ、まだプロセスのなかばにいるのであれ、必要な力をきっと伸ばしてこられたことでしょう。最後のステップでは、これまであなたが達成したものを振り返ることにしましょう。

チェックリスト

- 私は毎日の生活に、喜びと愛を感じる状態をつくり出します。
- 私は、自分とまわりの人々についての直観的な情報を受けとり、また自分にふさわしい愛のメッセージをテレパシーで伝える方法を知っています。
- 私は自分が愛に求めているもの、また相手に与えてあげたいものを知っています。
- 私は愛の目標の再確認のため、毎日、積極的に歩みを進めています。
- 私は自分の人生に、新しい愛を受け入れるスペースをつくりはじめました。

- 私は自分の愛情関係をめぐって現われてくる隠れた問題と向き合い、人生の内面的なパターンを積極的に変えていきます。
- 私は自分の人生の外面的なパターンを積極的に変え、直観力その他の方法で、自己を表現し、愛する人と交流する方法をたえず見直します。
- 私は自分の友人関係の価値を再認識し、これからもあらゆる人間関係のスキルを向上させていきます。
- 私は愛を探す旅で、私の力になってくれるサポート・ネットワークを広げていきます。
- **私は愛する人とのコミュニケーションを深め、二人の間の問題を解決するために、人間関係のスキルを学びます。**

ステップ 6

愛の楽園を分かち合う *Sharing Your Garden*

第12章

二人の健全な心の境界を保つには
——あなた自身を失わずに二人の関係を育てていく

第三の交差点に立つ時——最後のチャレンジ

これまでの愛の旅であなたが通った第一の分岐点は、何の前ぶれもなしに浮上してくる、男女関係についての隠れた無意識の問題でした（二六七ページ）。そして第二の分岐点は、愛を求めるうちに友人その他の大切な人間関係をないがしろにしてしまうという危険についてのものでした（二一〇ページ）。

そして三番目の分岐点は、これまでも何度か簡単に触れましたが、あなたという自己と彼との、健全な心の境界を保つこと——つまり、他の誰でもない「あなた」という自己の感覚の維持です。

あなたが最初誰かに恋したのは、それがあなたの心を大きな喜びで満たしたからでしょう。やがてあなたは愛する人と、新たな喜びの分かち合いをするようになります。それは将来、子供や家族の他のメンバーをも含んでいき、もっと大きな喜びの共同体をつくっていくというふうに発展していきます。

あなたと愛する人との関係はちょうど一つの細胞のようなもので、それだけで一つの世界なのですが、同時にもっと大きな世界に含まれています。そこでは何層にもわたる人間どうしの関わり合いが同時に起きていて、一人一人と全員との間、全員とそのまわりの環境との関係、さらにそれぞれのレベルどうしの働きかけ、さまざまな変化、時の流れなどが加わった複雑なものです。

そのなかで恋をし、やがて愛情生活を生きるあなたに訪れる第三のチャレンジ。それは、二人の関係の全体像を見失ったり、相手やまわりのニーズを犠牲にしたりすることなく、自分らしさ、本来の自分を忘れないようにするということです。

まだあなたが恋愛関係にいないなら(あなたの恋が成就するのはもう時間の問題でしょうが)、友だちや他の人間関係でも、そのことに気をつけましょう。

一人は二人のために、二人は一人のために努力しよう

男女関係が深まりパートナーシップができあがると、あなたがまず意識的に努力しなければならないのは、あなた自身と相手との健全な心の境界線を保ち、尊重しあうことです。あなたと彼が一つ屋根の下で暮らすようになっても、それぞれの個人的ニーズは二人の共通のニーズと両立させることが大切です。

カップルがよくおちいる誤りは、二人の共通のニーズばかりに焦点をあてて、自分自身のニーズをないがしろにしてしまうことです。こういう生き方もしばらくは楽しいでしょうが、いつかあなたの

中の「自分自身」は、もっと自己表現をしたいと無意識に求めてくるようになります。
あなたの個人的ニーズがそうして自己主張しはじめた時、二つの選択肢があります。一つは(長続きはしないでしょうが)それを押さえこんでパートナーに合わせてしまうこと、二つ目はパートナーと話し合うことです。ただし彼と話し合うには、自分のニーズが自分でよくわかっていなければなりません。

それから、二人のまわりの人間関係の中でも、ちゃんと自分のスペースをもつことが必要です。パートナーの友人にはあなたが好きになれない人がいるかもしれませんし、逆も言えます。あなたは自分の気持ちや考えを、すべて彼らにわかってもらう必要はありません。ここでも直観力を働かせて、おたがいのプライバシーを尊重するためのちょうどいい間合いを保ってください。

(私は日曜日のスーパーボールの試合を一人で観戦できるよう奮闘中です。何かいい方法はないものでしょうか……)

おたがいの健全な境界線が尊重されるならば、相互に自己防衛する必要などはなくなり、また自分自身でいるために、人々とことさら距離をおくこともいりません。

ただ時々、あなたは恋人やパートナーの境界線の外に追いやられ、彼から疎外されているように感じることもあるでしょう。そんな時は、話し合いが必要です。相手があなたの要求にのみこまれそうに感じて警戒することなく応えてくれるよう、直観力に聞いたうえで、自分の気持ちをうまく相手に伝えてください。

カップル単位での直観力を育てる

直観力は愛する人との親密な関係を深める助けになるだけでなく、二人の間の境界線をうまく保ち、それをおたがいが尊重していけるようにしてくれます。直観力はまた、カップルやそのまわりの人々(家族など)がおたがいを尊重し、違いを受け入れながら調和を保っていくことを可能にします。多様性を受け入れることで、カップルどうし、そして愛する人々の間の健全なきずなが支えられるのです。

みんなの関係に調和的なリズムを呼びいれる

直観力によって、おたがいの意見が反映される男女関係のリズムが生まれ、二人のニーズがはっきりします。毎日いちばんストレスの多い、二人の心の交流がスムーズにいかない時があるなら、直観力にこう尋ねてごらんなさい。「この状況が二人にとってもっと楽しく、うまく行くようにするには、どうすればいいでしょう?」

あなたはきっと、その解決法が意外に簡単なことだったと気づくでしょう。一度にまとめずに、一つ一つの問題を問いかけては、それにたいして返ってくる直観的印象を検討してごらんなさい。おたがいにとって真に大切な時間をつくるよう、二人(あるいは家族全員)の生活を組み立てていく助けが得られるでしょう。

たとえば今、あなたのパートナーが疲れて帰ってきて、テレビを見ながらくつろぎたいと思っているとします。これは彼とのつながりを取り戻し、一緒に時間を過ごすかっこうの時です。彼の肩や足をやさしくマッサージしてあげ、その日あった出来事を話しましょう。こんなささいな「儀式」を毎日するだけでも、あなたの一日はもっと喜びに満ちたものになります。二人の結びつきを表わす儀式は、あなたがたの関係により深い絆と、親密さと、パワーをもたらします。

家族の中でも、たとえば私が何かの問題で苦しんでいる時には、母はいつも私に、好物のプディングを作ってくれます。また父と兄は、けんかのあと仲直りするために、しめくくりに長い議論の応酬《おうしゅう》をします。そして姉妹どうしのけんかの後は、私たちはおたがいの冷蔵庫の食べ物を交換して食べます。また私と親友とは、けんかした後もう一度話すときには、おたがいのお茶をいれてあげたりします。

そんなふうにあなたはいろんな人と、気づかないうちにいろんな儀式をしています。関係の中で起きたトラブルが深刻になると、その儀式は中断してしまいます。相手を抱擁することを忘れ、一杯のお茶もいれる時間がないと思っているなら、二人の関係を見直す時です。彼を抱擁するのにはほんの数秒しかかからないはずですし、ときには彼のほうにお茶をいれてもらってもいいのですから。

あなたをとりまく人々全員のための楽しい儀式

カップルがよくもらす不満に、たとえば週末に相手の実家に遊びに行くのは気が重いというのがあります。まわりの人間関係を円滑にいかせるために、二人の楽しい生活が犠牲になるというのはよくある問題です。しかし二人をとりまく人々のニーズはすべて大切ですし、もちろん二人だけががまんしたりするような状況ではいけません。

二人をとりまく人すべてにとって楽しい人間関係を、どうやってつくっていけばいいのでしょうか？その解決策もまた、あなたは自分の直観力から得られるはずです。

たとえば、私の五歳になる息子は〝化学実験〟が大好きですが、お風呂は大きらいです。ある日、私が台所の戸棚を開けると重曹《じゅうそう》の箱がありました。私は突然ひらめき、彼に重曹と酢(両方とも皮膚によいものです)を与え、浴槽で化学実験をしてもらうことにしました。

私の姉はおとなしい人で、私のほうはにぎやかな遊びが好きです。私は家の中でずっと話をしているだけだと不満ですし、彼女は天気が悪いと外に出たがりません。私と彼女の二人の息子にはそういう違いがよくわかっていて、どちらも彼らのおばさんを愛しています。そこでみんなが楽しめることは、夕食のだんらんです。みんながジョークを言い合ったり、子供たちとゲームを楽しんで、とても和やかな時間です。

でも私たちは知らず知らずのうちに、ネガティブな毎日の儀式をこしらえることもあります。たとえば、あなたはいつもパートナーより先に目がさめてしまい、朝の用事をすませます。あとから起きてきた彼に、あなたはなぜか腹をたて、突っかかったりします。こうして毎朝、おたがいのエネルギーが無駄になります。

あなたにできる変化をめざし、生活の中でもっと楽しみをつくり出すため、状況をよくするよう心がけなさい。理解と忍耐をもって、変化のためのコミュニケーションや機会をつくりなさい。対立にも妥協にも走らない、中間の道を行くのです。やがては、日々の儀式もよりポジティブなものに変わります。

カップルのゴールはつねに同じであり、二人の結びつきと日々の喜びの達成です。時をへて、楽しい習慣は儀式となり、おたがいの結びつきを支え、生活に豊かさを与えてくれます。毎日ちょっとの間でもいいですから、おたがいの絆を確かめる時間をつくりなさい。私の家族にも時々問題は起きますが、問題が噴出したときに、毎日の儀式はその解決を支える錨《いかり》となり、みんなにプラスのエネルギーを与えてくれます。

今日という日への、そして愛する人への感謝を忘れずに

あなたは今、次のような質問にすぐ答えられますか？

「今日という日に感謝したくなるような何かが、自分の人生にあるだろうか？　今日、自分や愛する人のために、何かいいことをしただろうか？　自分の人生に感謝しただろうか？」

先日、仲のよい友人が二人の子供をつれて、週末泊まりにきました。九歳になる子供のほうは宿題をもってきていて、それは「本や、新聞、雑誌に出ている〝大きな数〟を見つけなさい」というものでした。私たちはみんなで街に出かける準備をしていました。友人はその子に、「そんな宿題なんて早くすませてしまえばよかったのよ」と言いましたが、私はひらめきました。「待って！　いいことがあるわ。その宿題の紙をもって出かけて、みんなで大きな数字を探しましょうよ」そしてその午後は、

数字探しのゲームで大いに盛り上がったのです。

人生の「宿題」を楽しむ手段を見つけましょう。そして、一瞬一瞬を自分が生きていることに感謝しましょう。気に入った歯ブラシを買い、持ち運びやすい素敵なバッグを買って、人生を楽しみなさい。

あなたが愛を分かち合う恋人を今も募集中なら、これまでも歩んできたその旅のプロセスを楽しむ生き方を見つけなさい。そして相手がいるなら、一緒に日々の出来事を楽しむ方法を探しなさい。いつでも自分の人生に感謝し、祝福してあげましょう。これは本書のはじめから、私がお話ししてきた大切なことです。

愛は、どこかあなたの外から来るのではありません。それはまず、あなたの中から生まれてきます。生化学的に、無意識のうちに、感情的に、肉体的に、そして直観的に。自分の中にまだ愛の気配が感じられなくても、あなたのまわりには、海のように豊かな愛があふれています。あなたはそれをすでに、たとえば他者への共感や友情という形で経験しているはずです。

素敵な恋人やパートナー、それに誰もが望むものをもっていながら、自分の幸運を喜べずにいて、自分の人生がどれほど恵まれているかを実感できない人がいます。それは、喜びや楽しみ(すなわち愛)は自分の心で生み出せるということを忘れた人々なのです。この本のエクササイズ1を読み返して、あなたも自分の人生に、心の底からの楽しみと喜びをつくり出していきましょう。

最初に恋におちた時あなたの体内をかけめぐった生化学物質の助けを再び借りなくても、今のあなたの生活に、そして愛する人との関係に心から感謝し祝福していくならば、これからの人生でどんな問題が待っていようとも、あなたの人生に愛の絆が絶えることはないでしょう。

チェックリスト

- 私は毎日の生活に、喜びと愛を感じる状態をつくり出します。
- 私は、自分とまわりの人々についての直観的な情報を受けとり、また自分にふさわしい愛のメッセージをテレパシーで伝える方法を知っています。
- 私は自分が愛に求めているもの、また相手に与えてあげたいものを知っています。
- 私は愛の目標の再確認のため、毎日、積極的に歩みを進めています。
- 私は自分の人生に、新しい愛を受け入れるスペースをつくりはじめました。
- 私は自分の愛情関係をめぐって現われてくる隠れた問題と向き合い、人生の内面的なパターンを積極的に変えていきます。
- 私は自分の人生の外面的なパターンを積極的に変え、直観力その他の方法で、自己を表現し、愛する人と交流する方法をたえず見直します。
- 私は自分の友人関係の価値を再認識し、これからもあらゆる人間関係のスキルを向上させていきます。
- 私は愛を探す旅で、私の力になってくれるサポート・ネットワークを広げていきます。
- 私は愛する人とのコミュニケーションを深め、二人の間の問題を解決するために、人間関係のスキルを学びます。

- **私は本来の自分と自分らしさを失わず、カップルとしての人生を相手と分かち合い、感謝と祝福をささげます。**

訳者あとがき

愛は果てしなく、汲みつくせない永遠の研究テーマです。愛そのものには形も、方程式もない。それなのに私たちはみんな愛を求め、追いかけて生きています。生きるという行為そのものが愛を希求《ききゅう》し、与え合うプロセスだと言って過言ではないでしょう。私たちはみんな、一人では生きられない存在だということを知っています。そして、じつは誰にも多くの愛を周囲から受けられるすばらしい資質が備わっているのです。

ところが、本来の自分を内面的に探る前に、私たちは外の世界に理想の対象を定めて、それに近づこうと切磋琢磨《せっさたくま》します。そのあげく、自信喪失、自己憐憫《れんびん》、自暴自棄や絶望感で苦しんだり、自分を不幸にするといった不合理な面も私たちはあわせもっています。

人を愛し、愛されたいと願うなら、まず友人や家族や周囲の愛に気づいて、自らそれに応えることが必要です。そのためにも相手にどう接していけばよいかが当然問われます。著者ローラ・デイは誰にも備わっている愛の直観力を目覚めさせ、自分が真に望む出会いを求めるにはその直観力をどう生かしたらよいか、エクササイズをまじえて分かりやすくひもといてくれます。

そもそも直観力とはいったいどんなものなのでしょう。私たちにはそれが本能として備わっていることくらいはうすうす知っていても、その実質的な影響力はわかっていません。著者は愛する人とのコミュニケーションを意識的、無意識的、直観的の三つのレベルに分けて、直観レベルのコミュニケーションとは自分と相手との間を、言葉なしでたえず行き来する「思考、感情、イメージ」であると紹介しています。さらに彼女は、私たちの直観力は、パートナーの求めていること、あるいは怒りの理由、それに相手の表向きの顔に出ない本当の顔、なりたがっている彼なりの「理想の自分」のことまでもちゃんと知っているのだとも言っています。

意識、無意識、直観のレベルとは、行動、心理、魂のレベルとも言いかえられます。それぞれが共鳴しあって、私たちの行動があり、感情や感覚が外へと伝えられているはずですが、どちらかのレベルだけが突出することがよくあります。私自身、これまでの自分の行動に照らして考えさせられました。相手のことを察知しながらあえて何かの理由で無視する、自信がなくてなおざりにする、自分の考えの押しつけをする、あるいは本当のところを自分の感情で色どりして曲解や誤解をするなど、あえて直観力を無力にしてきた自分を認めざるをえないのです。

直観力を伸ばすには、まず自分の習慣的行動パターンを振り返り、パターン化された自分を解放することが求められます。それ自体楽な作業ではありませんし、一度や二度のエクササイズで完璧な状態になるということは望まないほうがよいと思います。解放をめざすことが一つの旅なのですから。自分の心の内をみつめ、感じていく、そうした練習をへることで、相手の行動や反応にも気づき、背後にある心の動きや気持ちが読めるようになります。

そこではテレパシーでのやりとりも交わされます。テレパシーとは何かという点にも当然ながら著者は触れていますが(第3章)、言葉なしでたえず行き来する「考え、気持ち、イメージ」の存在に気づき、そこに意識を向けていくと、無意識レベル、魂レベルの感覚も磨かれ、掘り起こされるようになっていくようです。本文中の二九のエクササイズがそのプロセスを強化する意味で用意されているのも、本書の特色の一つです。

どちらにしても、自分を知ることは望むべきゴールへ到達するための第一歩です。この一冊で、深く気づき、ワークを経て愛というゴールを目指せるようになることは、他の人間関係でのバリア解消にも通じます。本書は主として、これから愛を探そうとしている人たちにあてたものではありますが、すでに愛情関係をもちながら、妥協したり、愛は冷めてしまったと思いこんで失望したり、別居や離婚を考えたりしているカップルも、もう一度関係を振りかえり、建てなおしてみようという元気や希望を与えてもらえます。

また、著者の主張は多く男女の愛の形で語られていますが、その視点はどんな愛のあり方をも包含しています。彼女は、私たちひとりひとりに備わった資質としての愛を見分ける力を掘り起こし、さらに、それを羅針盤にして自分の愛のゴールを定め、到達をめざす愛の探索の旅に読む者をいざないます。その豊かでウィットあふれる人間性、母性的なやさしさ、身近で説得力あるケーススタディを通して、きっとあなたには愛という人生最大のテーマに取り組んでみようと思う勇気が湧いてくるでしょう。

愛を求め、愛を感じ、愛を築くことが生きるあかしであり、目的です。私自身にとってもそのことを再認識し、どう生きたらよいかを改めて考える機会になりました。その出会いを与えて下さった日本教文社編集部の田中晴夫さんに心から感謝します。

二〇〇〇年四月四日

甲賀美智子

訳者紹介●**甲賀美智子**(こうが・みちこ)＝立教大学英米文学科卒業後、カリフォルニア州パシフィック大学でコミュニケーション学専攻。NHK国際放送アナウンサー、外資系航空会社乗務員指導職などを経て、現在、人材育成、組織活性、地域活性とウエルネス活動の分野で、講演、研修、執筆活動を展開。主な訳書に『スピリチュアル・セラピー』(日本教文社)『人の目なんか、気にしない!』(サンマーク出版)『英文コラムで楽しむニューヨーク』(グロビュー)など。

ローラ・デイのホームページ　http://practicalintuition.com/

愛《あい》の直観力《ちょっかんりょく》
ベスト・パートナーに出会《であ》う心《こころ》のレッスン

初版発行――平成一二年五月二五日

著者――ローラ・デイ
訳者――甲賀美智子（こうが・みちこ）

発行者――中島省治
発行所――株式会社日本教文社
東京都港区赤坂九―六―四四 〒一〇七―八六七四
電話 〇三（三四〇一）九一一一（代表）
〇三（三四〇一）九一一四（編集）
FAX 〇三（三四〇一）九一三九（販売）
〇三（三四〇一）二六五六（編集）
振替＝〇〇一四〇―四―五五五一九

組版――レディバード
印刷――東洋経済印刷
製本――徳住製本
装幀――清水良洋

PRACTICAL INTUITION IN LOVE
by Laura Day

●日本教文社のホームページ　http://www.kyobunsha.co.jp/

乱丁本・落丁本はお取替えします。定価はカバーに表示してあります。

ISBN4-531-08126-9　Printed in Japan